AF799041

Der Gesetzentwurf

über

die Freizügigkeit im Norddeutschen Bunde

unter

Vergleichung des bisherigen Rechtszustandes

von

Th. v. Flottwell.

Berlin.
Druck und Verlag von Georg Reimer.
1867.

Inhalt.

Einleitung.

Man hat der Verfassung des Norddeutschen Bundes nachgerühmt, daß sie nur praktische Ziele verfolge und sich darin von den Modellen der früheren deutschen Verfassungsbestrebungen vortheilhaft unterscheide. Diese Richtung aufs Reelle wird nun aber in erhöhetem Maaße das Ziel der weitern Bundes-Gesetzgebung sein müssen, welche die Aufgabe hat, jene praktischen Ziele der Verfassung ins Leben, in die Wirklichkeit zu übertragen, sie wirklich der Bevölkerung des deutschen Bundesgebiets genießbar zu machen. Daß zu diesem Behuf vielfache Declarationen der Verfassung nothwendig sein werden, daß dieselbe ein keineswegs in allen seinen Theilen gleichmäßig bis zur Spitze geführter Bau ist, wer wollte dies bei den Umständen, unter denen die Verfassung zu Stande gekommen ist, ihren Schöpfern zum Vorwurf machen! — Wer aber wird aus blindem Enthusiasmus sich dazu hinreißen lassen, diese Wahrheit zu läugnen!

So durchdacht auch in einzelnen Beziehungen das Werk zu nennen ist, so ist doch völlig klar, daß der Bundes-Gesetzgebung ein unendliches Feld noch bleibt, auf welchem sie, von dem gelegten Fundament ausgehend, ja vielleicht das Fundament legend, mit der neu eröffneten Werkthätigkeit an dem Ausbau des öffentlichen Rechtszustandes zu arbeiten haben wird, und — dieser Werkthätigkeit eine richtige Reihen- und Stufenfolge zu geben, und sich davor zu hüten, am unrechten Ort mit Specialitäten anzufangen, darin allein können wir eine Förderung des Werkes erblicken. — „Doch Ordnung lehrt Euch Zeit gewinnen!" Nirgends greift dieses Wort schlagender ein, als auf dem socialen Gebiet, denn hier kommt es vor Allem darauf an mit mathematischer Sicherheit zu rechnen, dem Egoismus, der Engherzigkeit, wie es neulich irgend wo hieß, zehnfache Riegel vorzuschieben.

Nun — wir halten dafür, daß es weniger darauf ankommt, die Zahl der Riegel zu vermehren, — denn sonst könnte es geschehen, daß derjenige, dem die Sache, das Recht verheißen ist, vor lauter Riegeln nicht dazu gelangen kann, — als die Sicherheit des einen großen Riegels, des Gesetzes, durch Einfachheit und Klarheit zu stählen und sich in diesem Werk der Befestigung durch nichts irre machen zu lassen, niemals aber bloße Riegel zu schmieden, ohne die Haspen zu haben, in denen diese Riegel festsitzen. Nur, wo ein solcher vorgeschobene Riegel nicht nachgiebt, wo er der prüfenden Hand, die daran mit Energie rüttelt, Widerstand zu leisten vermag, nur da hat er einen Werth, nur da ist er, so schön er sonst aussehen mag, an seiner Stelle.

Mit diesen Worten sei es uns gestattet, den Standpunkt zu bezeichnen, von dem aus wir das dem Reichstage in öffentlicher Sitzung vorgelegte Gesetz über die Freizügigkeit im Norddeutschen Bunde in die Hand genommen haben und von dem ausgehend wir die folgenden Bemerkungen der Aufmerksamkeit, insbesondere der tagenden Versammlung empfehlen möchten.

Wir befinden uns, wie wir hier gleich bemerken wollen, hierbei in keinem principiellen Widerspruch mit den in dem Entwurf zum Ausdruck gebrachten legislativen Wünschen. Im Gegentheil gerade, weil der Verfasser in eigener Berufsthätigkeit dasselbe Ziel an der Hand der Preußischen Gesetzgebung stets mit Nachdruck zu verfolgen bemüht gewesen ist, darum wird ihm vielleicht eine gewisse Erkennungsfähigkeit für diejenigen technischen Mängel zugestanden werden können, an denen ein Gesetz leidet, das der besten Absicht entsprungen, das beste Ziel verfolgend, dennoch aus natürlichen, in der Sache selbst liegenden Gründen der Wirksamkeit, der Haltbarkeit entbehrt.

Der Gesichtskreis für die Beurtheilung der Wirkungen eines solchen Gesetzes muß selbstverständlich ein anderer sein, wenn man bisher dem socialen Kampf, dem es steuern soll, nur innerhalb der patriarchalischen Verhältnisse eines kleinen Staates vielleicht mit warmem Herzen und gutem Willen seine Aufmerksamkeit zugewendet hat, als wenn man den unverhältnißmäßig weiter greifenden Wirkungen täglich entgegenzutreten genöthigt ist, zu denen in einem großen Staate der ewige Zufluß und Abfluß der Bevölkerung und die hiermit bis aufs Aeußerste geschärfte Ausnutzung jedes erlaubten und unerlaubten Schutzmittels Seitens der Gemeinden Veranlassung giebt.

Was nun den vorgelegten Gesetzentwurf und seine Motive betrifft, so treten dabei zwei Punkte von allgemeinerer Bedeutung sofort in die Augen.

1. Zunächst folge hier eine Bemerkung, welche die Terminologie des Gesetzes betrifft. Wir haben im Allgemeinen gegen den Ausdruck „Frei-

zügigkeit" nichts zu erinnern, obwohl er seinem historischen Ursprunge nach eine wesentlich verschiedene Bedeutung von dem modernen damit verbundenen Begriff involvirt. Wir müssen hier aber doch noch besonders darauf aufmerksam machen, daß die Freizügigkeit an und für sich niemals ein absoluter Rechtsbegriff sein kann, sondern daß sie überhaupt erst eine positive Bedeutung erhält durch die Bedingungen, von denen das darin liegende Recht der Wahl des Aufenthalts abhängig ist. Wenn also in den Motiven des vorliegenden Gesetzentwurfs gesagt ist: „In einem großen Theil des Bundesgebiets herrscht bereits die Freizügigkeit" so müssen wir in der That auf das unzulässig Blendende einer solchen Metapher hinweisen und zwar um so mehr, als gerade derartige Schlagworte geeignet sind, für einen noch völlig unklaren, jeder Abstufung fähigen Rechtsbegriff einen blinden Enthusiasmus hervorzurufen und schließlich jedem Gesetz über die Freizügigkeit, blos um des wohlklingenden Namens willen, eine blinde Zustimmung und Annahme zu sichern. Wir wissen sehr wohl, daß eine solche Absicht bei der Fassung des Gesetzes und der Motive durchaus fern gelegen. Man wird aber zugeben, daß dies sehr leicht die Folge einer solchen Terminologie und bilderreichen Ausdrucksweise des Gesetzes, vor allen Dingen in der Presse und in den von ihr beeinflußten Kreisen sein kann. Hüten wir uns also davor, klangreiche Worte anzuwenden, ohne die Begriffe bis in die Atome zu seciren, wenn es sich um eine Gesetzgebung von so einschneidender Wirkung handelt.

2. Das Gesetz erwähnt (mit Ausnahme einiger in dieser Beziehung wohl kaum befriedigender Hinweise auf den Art. 3 der Bundes-Verfassung in den Motiven, und einer rein formellen Bezugnahme in Betreff des Streitverfahrens im § 6 des Entwurfs) mit keiner Silbe des dermalen bestehenden Rechtszustandes in Betreff der Freizügigkeit im Gebiet des Norddeutschen Bundes. Es ist daher unmöglich, aus dem Wortlaut des Gesetzes und seiner Motive zu ermessen:

a) wie weit das Gesetz wirklich dem bestehenden Maaß der Freizügigkeit eine wirksame Ausdehnung oder Einschränkung giebt,

b) wie weit die bestehenden positiven Gesetze durch dasselbe als aufgehoben oder abgeändert zu betrachten sind.

In dem neuen Bundesstaat berührt ein solches Gesetz nicht blos das Rechtsgebiet über die Wahl des örtlichen Aufenthalts innerhalb der einzelnen Staaten, sondern auch das zwischen den einzelnen Bundesstaaten bestandene internationale Rechtsgebiet über die den Unterthanen des einen gestattete Möglichkeit, im Gebiet des andern sich aufhalten zu dürfen. In Bezug auf die bisher in den Norddeutschen Bundesstaaten bestandene Befugniß, seinen örtlichen Aufenthalt nach den bestehenden sogenannten Heimaths-Gesetzen nehmen zu dürfen, hat der Verfasser sich neuerdings in seiner Schrift: „Was bedeutet das deutsche Heimathwesen?“ ausgesprochen und an der Hand der Baierschen Gesetzgebung den Zustand geschildert, welcher bisher im Gegensatz zu der Preußischen Gesetzgebung bestand. Wir müssen uns der Kürze der Zeit wegen nothgedrungen auf jene Schrift, die wir deshalb vielfach citirt haben, berufen. Der internationale Rechtszustand dagegen wurde für die beim Bunde betheiligten Staaten mit Ausnahme der Herzogthümer Schleswig-Holstein und Lauenburg im Wesentlichen gebildet durch die Convention d. d. Gotha den 15. Juli 1851 und deren einzelne Additionalbestimmungen 2c., welche in allen betheiligten Staaten mit Gesetzeskraft publicirt sind. Demnächst aber ist durch Art. 3 der Bundes-Verfassung gleichfalls bereits nicht nur das Bestehen dieser Verträge sanctionirt, sondern der Art. 3 enthält selbst wesentliche Bestimmungen über die Befugniß zur Wahl des Aufenthalts mit gewissen Modificationen. Es wird daher, bevor wir zu der Besprechung des neuen Bundes-Gesetzentwurfs selbst übergehen, unerläßlich sein, zunächst die Bedeutung dieser Vorstadien des bestehenden Bundesrechts uns deutlich zu machen und deren Werth für die Bevölkerung der Bundesstaaten kennen zu lernen. Wir haben deshalb, um hier gleich den Gang der folgenden Arbeit zu bezeichnen, es nöthig gefunden

in dem ersten Abschnitt die Entstehung und Bedeutung jener Gothaer Convention in ihren allgemeinen Zügen,

im zweiten Abschnitt die Einwirkung des Art. 3 der Bundes-Verfassung auf den bisher bestandenen Rechtszustand

und endlich

im dritten Abschnitt den neuen Gesetzentwurf über die Freizügigkeit im Norddeutschen Bunde

unter Vergleichung dieser bisherigen Stadien zu besprechen, und insbesondere es versucht, überall diejenigen Beziehungen auseinander zu halten und uns klar zu machen, welche daraus für die Bevölkerung in ihrem Verhältniß zur Gemeinde und für die Staaten unter einander entstehen möchten.

I. Die Entstehung und Bedeutung der Gothaer Convention vom 15. Juli 1851.

Wenn irgend ein Staatsvertrag das Werk drängender Umstände war, so war es die zwischen Preußen und verschiedenen ehemaligen deutschen Bundesstaaten abgeschlossene Convention d. d. Gotha, den 15. Juli 1851.

Dieselbe hatte den Zweck, auf diplomatischem Wege demjenigen nachzuhinken, was täglich in Folge des Eisenbahn- und sonstigen Verkehrs von Tausenden Deutscher geschah, nämlich der Verlegung ihres Aufenthalts aus einem der contrahirenden Staaten in den andern.

Es liegt hierin, wie wir von vornherein bemerken wollen, kein Vorwurf, sondern ein Vorzug jener Convention.

Bei der Zersplitterung der deutschen Staaten war es nämlich unmöglich, die Bedingungen, von denen

1) der Erwerb und Verlust der Staatsangehörigkeit,

2) die Befugniß zur Wahl des örtlichen Aufenthalts, innerhalb der einzelnen Staaten gesetzlich abhing, insbesondere für die Unterthanen eines anderen Staats übersichtlich erkennbar zu machen, geschweige denn dieselben unter einander auszugleichen.

Um diesem Mangel abzuhelfen, hatte bereits mit den meisten Deutschen Bundesstaaten Preußen separate Conventionen geschlossen, welche darauf hinzielten, den Mangel der Umzugsfreiheit dadurch für seine Unterthanen möglichst unschädlich zu machen, daß es sich mit den einzelnen andern Staaten über eine Garantie einigte, nach welcher das Recht der Wiederausweisung, also das internationale Hinausweisungsrecht, dergestalt geregelt wurde, daß, wenigstens so lange die gegenseitigen Unterthanen keine Veranlassung zur polizeilichen Unzufriedenheit oder zu ökonomischen Befürchtungen innerhalb des fremden Gebiets gaben, der contrahirende Staat kein Interesse dabei hatte, den Aufenthalt von vornherein zu verweigern, da ihm die Rückschubsbefugniß conventionsmäßig dergestalt erleichtert war, um bei der ersten besten Gelegenheit nach Belieben davon Gebrauch zu machen.

Auch hiermit aber war wenig erreicht, so lange diese Conventionen nicht auf einer formellen und materiellen Gleichmäßigkeit zwischen den Staaten der deutschen Mosaiktafel beruhten, und diese herbeizuführen, war der Zweck jener späteren Convention vom 15. Juli 1851.

Sie sollte also

1) den Staatsangehörigen der einzelnen contrahirenden Staaten es indirect erleichtern, innerhalb der einzelnen contrahirenden Staaten wenigstens sich aufhalten zu dürfen, ohne die nach den Special-Gesetzgebungen erforderlichen Bedingungen zur Ergreifung eines Wohnsitzes zu erfüllen, jedoch auf die erhöhte Gefahr, in jedem Augenblick wieder in denjenigen Staat zurückgeschoben zu werden, dessen Unterthan der Auszuweisende im Augenblicke war.

2) Aber auch im Fall augenblicklich nicht nachzuweisender Staatsangehörigkeit sollte dennoch, so lange der Auszuweisende die Staatsangehörigkeit in dem ausweisenden Staat nach dessen eigener Gesetzgebung nicht erlangt hatte, dieser Letztere, ohne sich der schwierigen Nachforschung nach der wirklichen Staatsangehörigkeit zu unterziehen, die Wiederaufnahme von jedem andern contrahirenden Staat verlangen können, dessen Unterthan, Angehöriger die auszuweisende Person irgend einmal früher gewesen war.

3) Für den Fall endlich, wo sich auch eine solche frühere Staatsangehörigkeit zu einem der contrahirenden Staaten nicht nachweisen ließ, sollte nach §. 2 der Convention die Rücknahmeverpflichtung denjenigen von ihnen treffen, in dessen Gebiet der Auszuweisende

a) nach zurückgelegtem 21. Lebensjahre fünf Jahre hindurch sich aufgehalten hatte,
b) sich verheirathet und mit seiner Ehefrau unmittelbar nach der Eheschließung eine gemeinschaftliche Wohnung mindestens 6 Wochen inne gehabt hatte, oder
c) geboren war.

Die Geburt (c) begründet eine Verpflichtung zur Uebernahme nur dann, wenn keiner der beiden anderen Fälle (a und b) vorliegt. Treffen diese beiden letzten zusammen, so ist das neuere Verhältniß entscheidend.

Der praktische Effect dieser Bestimmung bestand also darin, daß, so lange Jemand sich in den Fällen ad 1 und 2 durch ein Anerkenntniß seiner noch bestehenden oder doch früher bestandenen Unterthanenschaft, Staatsangehörigkeit zu einem der contrahirenden Staaten (d. h. also durch einen internationalen sogenannten Heimathschein) oder für den Fall ad 3 wenigstens durch ein Anerkenntniß der conventionsmäßigen Uebernahmeverpflichtung seiner bisherigen Regierung (durch einen sogenannten internationalen Uebernahmeschein) legitimirte, für jeden andern der contrahirenden Staaten der Aufenthalt des also Legitimirten ohne alle Gefahr war, weil er ihn

ohne Angabe von Ausweisungsgründen, resp. ohne Zeitbeschränkung in jedem Augenblick wieder hinaus- und dem aus dem Heimath- oder Uebernahmeschein ersichtlichen Staat wieder zuweisen konnte.

Es zerfiel danach die gesammte Bevölkerung, für die Verlegung ihres örtlichen Aufenthalts aus einem der contrahirenden Staaten in den andern, in zwei Klassen, nämlich in eine solche, welche mit einem Heimathschein einer Regierung, und in eine solche, welche mit einem Uebernahmeschein einer Regierung versehen war. Man darf hierbei jedoch nicht an einen äußerlich erkennbaren Unterschied dieser Klassen, oder etwa gar daran denken, als sei der Besitz eines solchen Uebernahmescheins eine levis nota maculae für den Inhaber gewesen, welche ihn in die Klasse der Vagabunden oder Landstreicher versetzte, sondern die respectabelsten Leute, Arbeitnehmer wie Arbeitgeber, konnten in die Lage gerathen, durch einen längeren, von ihren Interessen gebotenen Aufenthalt in einem Nachbarstaate nach der bestehenden Gesetzgebung des Staats, dem sie ursprünglich als Unterthanen angehörten, diese Staatsangehörigkeit einzubüßen; ja bei wechselndem Aufenthalt konnten diese bisweilen gesetzlich gar nicht geregelten Verhältnisse völlig unklar werden, ohne daß dem Betroffenen die geringste andere Schuld zur Last fiel, als die, sein völlig erlaubtes Privatinteresse durch den fortgesetzten Aufenthalt in einem anderen Staate wahrgenommen zu haben.

Wir wollen hier gleichzeitig noch einen anderen sehr häufig vorkommenden Irrthum aufklären.

Diese Heimath- und Uebernahmescheine haben nämlich immer nur eine Bedeutung für die obligatorische Rücknahmeverpflichtung zwischen den einzelnen contrahirenden Staaten unter einander. Dem Inhaber selbst aber garantiren sie keineswegs die Fortdauer seiner persönlichen Staatsangehörigkeit oder Unterthanenschaft. Selbst der wirkliche Heimathschein einer Regierung enthält nur das Anerkenntniß der zur Zeit der Ausstellung noch vorhandenen Staatsangehörigkeit — nicht, um dem Inhaber diese Staatsangehörigkeit über die particulargesetzliche Erlöschungsfrist hinaus zu sichern, in Preußen z. B. also nicht, um dem Preußischen Unterthan diese Qualität auch bei einem längeren als zehnjährigen Aufenthalt im Auslande zu conserviren — sondern, um dem auswärtigen Staat die Garantie der unbedingten conventionsmäßigen Rücknahmeverpflichtung der Preußischen Regierung auch nach Erlöschen der persönlichen Unterthanenschaft des früheren Preußischen Unterthans zu gewährleisten. Gerade deshalb einigte man sich später unter den contrahirenden Staaten dahin, diese internationalen Heimathscheine ohne Hinzufügung einer bestimmten Zeitdauer auszustellen, weil für die contrahirenden Staaten unter einander es conventionsmäßig einflußlos war, ob die einmal bestandene Unterthanenschaft noch fortdauere oder nicht.

Neben jenen materiellen Bestimmungen über die internationale Rücknahmeverpflichtung der einzelnen contrahirenden Staaten enthielt die Convention die für die Formalien eines derartig einzuleitenden Rückweisungsverfahrens und die in Betreff der Kosten zu beobachtenden Grundsätze. Endlich war darin noch stipulirt, daß bei bestrittener Wiederaufnahmeverpflichtung die Ausweisung so lange sistirt werden sollte, bis entweder im diplomatischen Wege eine Einigung zwischen den sich gegenüberstehenden Staaten stattgefunden, oder zwischen ihnen durch ein Schiedsgericht, welches aus den bei dem Specialfall unbetheiligten contrahirenden Staaten zu wählen ist, der Streit geschlichtet worden.

Dieser Convention wären bis zu den Ereignissen im Jahre 1866 sämmtliche deutsche Bundesstaaten, mit Ausnahme von Oesterreich, Lichtenstein, Holstein und Lauenburg beigetreten, zuletzt Lübeck im Jahre 1860.

Für das Publicum bestand also der Vortheil, wie wir schon oben andeuteten, darin, daß Jeder, mit einem solchen Anerkenntniß internationaler Rücknahmeverpflichtung seiner Regierung in der Hand, seinen örtlichen Aufenthalt sowohl aus einem der contrahirenden Staaten in den andern, als innerhalb des fremden Staats von Ort zu Ort verlegen konnte, ohne den lästigen Bedingungen für die Ergreifung des örtlichen Aufenthalts nach den verschiedenen Particular-Gesetzgebungen ausgesetzt zu sein. Alle diese Gesetzgebungen, mit Ausnahme der Preußischen, beruhen nämlich auf dem künstlichen Unterschiede zwischen der subjectiven Befugniß zum Wohnsitz und der subjectiven Befugniß zum örtlichen Aufenthalt. Das Recht zum Wohnsitz ist danach stets ein Ausfluß des sogenannten Heimathsrechts, des Eintritts in den Gemeindeverband, und ist deshalb zwar unter bestimmten gesetzlichen Bedingungen gesetzlich garantirt, aber auch eben deshalb für den Inländer in der Erwerbung erschwert, für den Ausländer ohne gleichzeitige Aufgabe seiner bisherigen Nationalität gar nicht erreichbar, während das Recht zum Aufenthalt in den meisten dieser Gesetzgebungen überhaupt gesetzlich gar nicht garantirt, sondern einer schrankenlosen Willkür der Localgemeinde oder Polizeibehörde anheimgegeben ist.

Insbesondere war die Ergreifung des örtlichen Aufenthalts überall neben den ganz willkürlich geforderten Nachweisen der dauernd gesicherten Existenz von der vorgängigen Feststellung derjenigen Localgemeinde abhängig, welche für den jedem Neuanziehenden imputirten möglichen Verarmungsfall sich den Rückschub gefallen lassen mußte. Ueber diese intercommunale Rückschubsbefugniß der Gemeinden unter einander wurden nun innerhalb der einzelnen Staaten nach dem beliebten System der sogenannten Heimathsgesetzgebung ebenfalls Heimathscheine, und zwar von den einzelnen Localgemeinden ertheilt und behufs Ergreifung des Aufenthalts an einem andern Ort von der Gemeindebehörde des Letzteren erfordert, um auch nur den örtlichen Aufenthalt des Individuums zu gestatten. Es war dies der eigentliche Ursprung der in dem Gothaer Vertrage zur Geltung gelangten erweiterten Idee internationaler Heimath- und Uebernahmescheine. Die Erlangung jener örtlichen Heimathscheine war aber für die Bevölkerung in vielen Staaten eine schwere Belästigung und hing für Jeden, der sich nicht sein ganzes Leben hindurch an seinem Geburtsort aufhielt, von dem Eintritt in den localen Gemeindeverband, dem Erwerbe des sogenannten Heimathsrechts, ab. Ganz besonders erschwert aber war dieselbe für jeden Ausländer, der sich an irgend einem Orte eines andern Staats aufhalten wollte. Für Preußische Unterthanen war dies insbesondere lästig, weil die Preußische Gesetzgebung, Gott sei Dank, dieses System örtlicher Heimathscheine nie gekannt hat, und daher Preußische Unterthanen eine derartige Formalität gar nicht erfüllen konnten, wenn sie ihren Aufenthalt nach Sachsen, Mecklenburg, Hessen, Hannover u. s. w. verlegen wollten. Diesem lästigen Erforderniß der örtlichen (intercommunalen) Heimathscheine, diesem von uns an einer andern Stelle *) näher charakterisirten socialen Verdächtigungs- und Paßsystem in den Grenzen der Möglichkeit zu steuern, war eben der Zweck jener Gothaer Convention, nach welcher für die Uebersiedelung aus einem der contrahirenden Staaten in den andern die mit viel größerer Leichtigkeit zu erlangenden internationalen Heimath- und Uebernahmescheine der Regierungen nunmehr ausreichten, um wenigstens für die Ergreifung des örtlichen Aufenthalts von jenen lästigen Bedingungen innerhalb der zersplitterten einzelnen Staaten so lange gesichert zu sein, als der Inhaber entweder durch seine äußere Vermögenslage, oder durch seine erwerbende Thätigkeit und sein Verhalten von Conflicten mit den Communal- insbesondere den Armen-Behörden, oder mit der Polizei sich fern hielt. Aber auch für die Fälle derartiger, oft ganz unverschuldeter Conflicte gewährte sie wenigstens die Garantie eines geregelten Uebernahmeverfahrens zwischen den einzelnen Regierungen und schnitt die brutale Selbsthülfe der Polizei- und Gemeindebehörden, jenes Hin- und Herschieben von Personen und Familien ab, welche oft erst durch diese polizeilichen Maßregelungen in den Zustand wirklichen Elends versetzt wurden.

*) Vergl. die Schrift des Verfassers: Was bedeutet das Deutsche Heimathwesen? Potsdam, Riegelsche Buchhandlung, 1867, Seite 18, 19.

Mit vollem Grunde hat daher auch die Norddeutsche Bundes-Verfassung den einstweiligen Fortbestand dieser Convention zwischen den einzelnen Bundesstaaten im Artikel 3 sanctionirt. Dieselbe ist auch bis auf den gegenwärtigen Augenblick unentbehrlich, da dieselben Verhältnisse, nämlich die Verschiedenartigkeit der materiellen Gesetzgebung über den Erwerb und den Verlust der Staatsangehörigkeit, sowie über die Befugniß innerhalb der einzelnen Staaten seinen Aufenthalt zu nehmen, sowohl in publicistischer Beziehung, als in Bezug auf die örtliche Zulassung innerhalb der Localgemeinden noch in voller Kraft fortbestehen und durch die Einführung des allgemeinen Indigenats im Artikel 3 nicht verändert sind. Außerdem aber versteht es sich schon aus dem Grunde von selbst, daß diese Conventionen fortbestehen müssen, weil dieselben als Staatsverträge auch mit den Süddeutschen Staaten: Baiern, Würtemberg, Großherzogthum Hessen und Baden abgeschlossen sind, und durch Aufhebung jener Verträge im Gebiet des Norddeutschen Bundes im Wege der Bundesgesetzgebung der Norddeutsche Bund als solcher den Südstaaten als Contrahent gegenübertreten würde — eine Delegation, zu welcher die vorgängige Einwilligung der Südstaaten unbedingt erforderlich wäre. Abgesehen von diesen staatsrechtlichen Hinderungsgründen gegen eine einseitige Aufhebung der Gothaer Convention innerhalb des Norddeutschen Bundes giebt es deren noch sehr gewichtige auf dem *rein praktischen* Gebiete.

II. Die Einwirkung des Artikel 3 der Bundes-Verfassung auf den bisher bestandenen Rechtszustand.

Sehen wir uns nun nach der Bedeutung um, welche der Artikel 3 der Norddeutschen Bundes-Verfassung auf den Rechtszustand in Betreff der Freizügigkeit während seines bisherigen Bestehens gehabt hat, so müssen wir hierbei vorerst auf einen sehr wesentlichen Punkt aufmerksam machen, welcher die Wortfassung des Artikel 3 der Bundes-Verfassung betrifft.

Der Artikel 3 zählt unter die Wirkungen des gemeinsamen Indigenats für jeden Staatsangehörigen der Norddeutschen Bundesstaaten das Recht auf, zum „festen Wohnsitz" in jedem andern Bundesstaat wie der dort Einheimische zugelassen zu werden. Was *hiermit* nun in der Wirklichkeit gemeint ist, mag der Redaction der Verfassung vielleicht sehr klar geschienen haben, es ist dies aber nach der positiven Gesetzgebung der einzelnen Staaten, worauf es hierbei für das betheiligte Publicum und die Behörden gerade ankommt, keineswegs der Fall, weil, wie wir oben gesehen haben, in den meisten deutschen Particular-Gesetzgebungen, mit Ausnahme der Preußischen zwischen der subjectiven Befugniß zum Wohnsitz und zum Aufenthalt ausdrücklich unterschieden wird.

Das Recht zum Wohnsitz wird darnach als ein besonderes Attribut des von den verschiedensten lästigen Bedingungen abhängigen Eintritts in den Gemeindeverband, des sogenannten Heimathsrechts, angesehen, und ist nur unter dieser Bedingung gesetzlich garantirt. Das Recht zum örtlichen Aufenthalt besteht daneben als ein nach den Bedingungen seines Erwerbs wesentlich unterschiedenes gesondertes subjectives Recht, ohne daß es freilich bisher dem schärfsten menschlichen Verstande gelungen sein möchte, den Unterschied zu definiren, der zwischen der subjectiven Befugniß, am Orte zu wohnen und sich am Orte aufzuhalten, für den Berechtigten liegen soll.

Wenn nun in demselben Artikel 3 der Eintritt in den Gemeindeverband und die Armenversorgung von den gesetzlichen Wirkungen des Indigenats ausgeschlossen sein und also hierüber die einzelnen Particular-Gesetzgebungen noch fortbestehen sollen, so können wir auch nur annehmen, daß mit dem durch das gemeinsame Indigenat garantirten Recht zum festen Wohnsitz nicht jenes chimärische Zwangsrecht des Wohnsitzes, als Ausfluß des sogenannten Heimathsrechts, des Eintritts in den Gemeindeverband, im Gegensatz zum bloßen Aufenthalt, sondern eben nur die subjective Befugniß zum adesse in loco d. h. also die subjective Befugniß zum thatsächlichen örtlichen Aufenthalt ganz allgemein, im Gegensatz zum bloßen Reise- und Fremden-Verkehr, hat gemeint sein sollen.

Wir heben diesen Punkt ausdrücklich hervor, weil er zu der unglaublichsten Verwirrung führen kann, und verweisen hierbei auf Seite 15 bis 17 und Seite 30 der Schrift: „Was bedeutet das deutsche Heimathwesen?

Im Gegensatz zu jener sogenannten Heimaths-Gesetzgebung in den übrigen deutschen Staaten hatte das Preußische Gesetz über die Aufnahme neu anziehender Personen jenen inhaltslosen Unterschied zwischen der subjectiven Befugniß zum Wohnsitz und der subjectiven Befugniß zum Aufenthalt im Interesse der Freizügigkeit völlig ignorirt und die Befugniß zum Letztern ganz allgemein, lediglich als Gegensatz zum bloßen Fremden- und Reise- rc. Verkehr, aufgefaßt und diese Befugniß zum örtlichen Aufenthalt in der Hauptsache nur in sofern beschränkt, als es bei vorhandener körperlicher Arbeits- und Erwerbsfähigkeit jedem Preußischen Unterthanen, der sich eine Wohnung oder ein Unterkommen verschafft, das subjective Recht zum örtlichen Aufenthalt garantirt. Das Nähere hierüber und über den Gegensatz der Preußischen Gesetzgebung zu den Gesetzgebungen in den meisten übrigen deutschen Staaten, insbesondere auch in den neuerworbenen Preußischen Provinzen ergiebt die Schrift: „Was bedeutet das deutsche Heimathwesen?"

Vorausgesetzt nun, daß obige Interpretation des Artikel 3 der Bundes-Verfassung die richtige gewesen, was immerhin einer Declaration bedürfen würde, so würde sich, was die Befugniß der Bevölkerung der Norddeutschen Bundesstaaten zur Verlegung ihres örtlichen Aufenthalts nach der Gothaer Convention und gleichzeitig nach Art. 3 der Bundes-Verfassung betrifft, folgendes Resultat ergeben:

1. Die fernere Ertheilung jener internationalen Heimathscheine ist danach auch gegenwärtig noch das einzige Mittel, Preußischen Unterthanen die Zulassung zum örtlichen Aufenthalte in den übrigen Bundesstaaten, z. B. in Mecklenburg, Sachsen ꝛc., zu verschaffen, da andernfalls der Preußische Unterthan den gleichen Beschränkungen, wie der Mecklenburger, der Sachse ꝛc. unterworfen und also zu der viel lästigeren, in Preußen sogar gesetzlich nicht stattfindenden Beibringung eines örtlichen Heimathscheins der Localgemeinde genöthigt sein würde, um in Mecklenburg, Sachsen ꝛc. irgend welchen Ortes seinen Aufenthalt nehmen zu können.

Es liegt daher zur Zeit noch und bevor hierüber eine anderweitige Norm im Wege der Bundesgesetzgebung erlassen werden sollte, gerade für die Unterthanen der Bundesstaaten in der Ertheilung jener internationalen Heimathscheine eine Erleichterung, wenn sie ihren Aufenthalt in einen der übrigen Bundesstaaten verlegen wollen. Sobald also ein Antrag auf Ertheilung derartiger Heimathscheine Behufs Aufenthalts in den bei der Gothaer Convention bekanntlich sämmtlich betheiligten Bundesstaaten Seitens eines Preußischen Unterthanen bei einer Preußischen Behörde eingeht, wird einem solchen Antrage auch gegenwärtig von der Preußischen Behörde noch entsprochen werden müssen.

2. Was die Frage betrifft, ob Staatsangehörige der übrigen Bundesstaaten zum Aufenthalt in Preußen noch ferner eines Heimath- oder Uebernahmescheins im Sinn der Gothaer Convention vom 15. Juli 1851 bedürfen, so ist allerdings davon auszugehen, daß durch Einführung des Art. 3 der Norddeutschen Bundes-Verfassung für

alle Staatsangehörige der Norddeutschen Bundesstaaten der § 6 des Preußischen Gesetzes über die Aufnahme neu anziehender Personen vom 31. December 1842, wonach Ausländern als solchen der örtliche Aufenthalt von jeder Preußischen Gemeinde verweigert werden darf, außer Kraft gesetzt ist. Dagegen ist es ganz unzweifelhaft Behufs Gleichstellung in der Befugniß der Wahl des örtlichen Aufenthalts nach § 1—5 des Preußischen Gesetzes erforderlich, daß der Anziehende seine noch bestehende Staatsangehörigkeit zu einem der Norddeutschen Bundesstaaten nachweist. Dies kann er in einer für die Preußischen Localbehörden verständlichen Weise zur Zeit nur durch Beibringung eines Heimathscheins seiner Mecklenburgischen, Sächsischen ꝛc. Regierung.

3. Für diejenigen Fälle aber, wo die Unterthanenschaft, Staatsangehörigkeit zu einem der Norddeutschen Bundesstaaten bereits erloschen, oder überhaupt nicht mehr nachweisbar sein sollte, kann überhaupt der Anziehende auf Art. 3 der Bundes-Verfassung sich nicht berufen und würden schon aus diesem Grunde die Behörden nach wie vor befugt und verpflichtet sein, mindestens einen Uebernahmeschein Seitens derjenigen Personen zu fordern, welche sich in den Fällen des § 2 der Gothaer Convention vom 15. Juli 1851 befinden.

Es hat deshalb, wie auch der Wortlaut des Art. 3 der Bundes-Verfassung ergiebt, keineswegs in der Absicht, ja nicht einmal in der Möglichkeit gelegen, jene Gothaer Convention zu beseitigen, sondern ist vielmehr deren Fortbestand auch für die Verhältnisse der Bundesstaaten unter einander ausdrücklich im Art. 3 garantirt worden.

4. Für die gegenseitigen Verhältnisse zwischen den Behörden und Staatsangehörigen der Norddeutschen Bundesstaaten im Verhältniß zu den mit dem Norddeutschen Bunde nicht vereinigten Süddeutschen Staaten, welche bei der Gothaer Convention als Contrahenten betheiligt sind, bleiben die Bestimmungen der Letztern selbstverständlich überall und ebenso der § 6 des Preußischen Gesetzes über die Aufnahme neu anziehender Personen vom 31. December 1842 unverändert maaßgebend.

Um nun ein erweitertes Maaß internationaler Freizügigkeit im Bunde zu erreichen, bliebe selbstverständlich also nichts übrig, als die bisher uneingeschränkte Ausweisungsbefugniß, wie sie sich die Staaten in der Gothaer Convention gegenseitig zugesichert haben, durch ein Bundesgesetz für die Norddeutschen Staaten oder durch einen neuen Vertrag mit den Süddeutschen Staaten etwa in ähnlicher Weise einzuschränken, wie das Preußische Gesetz dies längst mit der Ausweisungsbefugniß der Localgemeinden gethan hat. Andererseits aber wäre eine directe Einwirkung der Bundes-Gesetzgebung auf eine erweiterte Freizügigkeit innerhalb der einzelnen Bundesstaaten ohne Abänderung des im Art. 3 constituirten Bundes-Indigenats nicht möglich.

III. Der neue Gesetzentwurf über die Freizügigkeit im Norddeutschen Bunde.

Es ist nun dem Reichstage in seiner Sitzung am 3. October ein von dem Preußischen Ministerium des Innern vorbereiteter Gesetzentwurf über die Freizügigkeit im Norddeutschen Bunde vorgelegt worden. Es sollen nach diesem Gesetzentwurf innerhalb des Bundesgebiets sowohl die Einwendungen geregelt werden, welche dem einzelnen Staat, als auch diejenigen, welche der einzelnen Localgemeinde gegen die Ergreifung des Aufenthalts eines Staatsangehörigen irgend welchen Bundesstaats zustehen, und zwar sollen ökonomische Gründe der Rückweisung dem Staat als solchem überhaupt nicht mehr, sondern nur der Gemeinde nach § 3 und 4, dem Staat selbst aber nur gewisse im § 2 vorgesehene polizeiliche Ausweisungsgründe zur Seite stehen. Ein solcher Entwurf involvirt also auf der einen Seite eine Einschränkung des nach der Gothaer Convention bisher bestandenen uneingeschränkten internationalen Hinausweisungsrechts der einzelnen Staaten und geht andererseits in Betreff der Einwirkung auf die Territorial-Gesetzgebung über die Grenzen des im Art. 3 der Bundes-Verfassung constituirten gemeinsamen Indigenats hinaus. Das Letztere ließ noch die Particular-Gesetzgebungen über die Freizügigkeit bestehen und sorgte nur dafür, daß innerhalb der einzelnen Staaten der Staats-Angehörige eines andern Bundesstaats in Bezug auf die Ergreifung des „festen Wohnsitzes", d. h. also (wenn die Bundeslegislatur unserer obigen Declaration auf S. 13 beitritt) des örtlichen Aufenthalts, den Inländern gleichgestellt werde.

Das Gesetz läßt, wie es in den Motiven heißt:

„andere Verhältnisse, welche mit der Freizügigkeit im nahen Zu-
„sammenhange stehen, namentlich das Heimathsrecht, das Ge-
„meinde- und Staatsbürgerrecht, sowie den Gewerbebetrieb un-
„berührt. Es entspricht dies zum Theil den Bestimmungen der

„Art. 3 und 4 der Bundes-Verfassung, zum Theil erscheint es „dermalen noch nicht thunlich, jene Verhältnisse auf dem Wege „der Bundes-Gesetzgebung gleichmäßig zu ordnen, weil es dazu „noch an den erforderlichen Vorbereitungen gebricht."

Wie nun eine Verschmelzung der Gesetzgebung über das Recht zur Wahl des örtlichen Aufenthalts in der Gemeinde mit der Gesetzgebung über die Wahl des Aufenthalts in dem einzelnen Bundesstaate ausführbar sein soll, und wie ferner von Bundeswegen die Bedingungen festgestellt werden sollen, unter denen innerhalb des einzelnen Bundesstaats dem dortigen Inländer von der dortigen Localgemeinde der Aufenthalt gestattet oder verweigert werden darf, — wenn ein gleichzeitiges Eingreifen in die Particular-Gesetzgebung über die Armen-Versorgung und das sogenannte Heimathsrecht und andererseits über die Staatsangehörigkeit noch zur Zeit wegen Mangel an den erforderlichen Vorbereitungen vermieden werden muß, das ist uns, wie wir von vorne herein bekennen müssen, als ein nicht lösbarer Widerspruch erschienen. Denn die Freizügigkeit und die Armenlast stehen sich in dem Haushalt jedes wirthschaftlichen Ganzen, sei es der Gemeinde, sei es des Staats, wie Debet und Credit gegenüber. Die richtige wirthschaftliche Balance zu finden, wird daher ohne genaue Kenntniß, ohne Eingehen auf die Particular-Armen- und Heimaths-Gesetzgebungen, auf den in den meisten deutschen Gesetzgebungen vorzugsweise hierauf influirenden Eintritt in den Gemeindeverband ganz unmöglich sein. Dasselbe gilt von den Beziehungen der Gesetzgebung über die Freizügigkeit zu der Gesetzgebung über die Staatsangehörigkeit. Wir werden dies unten näher zu erörtern haben.

Nachdem wir bereits in der Schrift: „Was bedeutet das deutsche Heimathwesen" mit Bezug auf den Wortlaut des Art. 3 und 4 der Bundes-Verfassung die für die Competenz der Bundes-Gesetzgebung auf diesem Gebiet leicht möglichen Fragen besprochen haben, erübrigt uns also noch, an den einzelnen Bestimmungen des vorliegenden Gesetzentwurfs unsere obigen Gründe gegen die Wirksamkeit desselben näher darzulegen.

Zur nähern Erwägung und Vergleichung haben wir in der Anlage A einen andern Bundes-Gesetz-Entwurf angeschlossen, wie er unsers Erachtens im gegenwärtigen Augenblicke nur lauten könnte, wenn wirklich nach den in den Motiven angezogenen Grenzen die Heimaths-Gesetzgebung, sowie die Gesetzgebung über die Staatsangehörigkeit in den einzelnen Bundesstaaten davon unberührt bleiben soll. Wir sind hierbei davon ausgegangen, daß für ein so umfangreiches Staatsgebiet, wie das des Norddeutschen Bundes, es die erste Aufgabe der Gesetzgebung sein muß, gerade bei der socialen Gesetzgebung mit mathematischer Sicherheit, niemals aber, so lange es an den erforderlichen Vorbereitungen gebricht, mit unbekannten Factoren zu rechnen.

Wir haben deshalb in unserem Gesetzentwurf nur die internationale Freizügigkeit berührt, wie sie sich zwischen den einzelnen Bundesstaaten durch Einschränkung der in der Gothaer Convention geregelten internationalen Ausweisungsbefugniß auf das bisher in Preußen bestandene Maaß gestalten würde, und glauben uns somit gerade in den in den Motiven des Bundes-Gesetzentwurfs vorgezeichneten Grenzen gehalten zu haben. Wir bitten hierbei wiederholt, zu berücksichtigen, daß wir einen solchen Gesetzentwurf keineswegs zur Annahme, sondern nur zur nähern Vergleichung empfehlen. Derselbe würde übrigens indirect auch die einzelnen Bundesstaaten nöthigen, sofort ihre territoriale Freizügigkeits- und Heimathsgesetzgebung, welche überall in einander greift, dem entsprechend zu reformiren. Denn nach einem einfachen Rechnen-Exempel kann in keinem Staat die Ausweisungs-Befugniß der einzelnen Localgemeinden weiter gehen, als die internationale Ausweisungs-Befugniß des Staats selbst, der Staat müßte sonst über seinem Gebiet noch eine besondere Etage errichten, wo er die, wohl von seinen Localgemeinden, nicht aber von ihm selbst auszuweisenden Personen unterbrächte.

Das Ungenügende auch unseres Gesetzentwurfs (Anlage A), welcher hiernach eine indirecte Einwirkung auf die örtliche Freizügigkeit haben würde, verkennen wir keineswegs, nur eben deshalb sind wir der Meinung, daß ohne die intimste Berührung und Umgestaltung der sogenannten Heimaths-Gesetzgebung und der Gesetzgebung über die Staatsangehörigkeit ein Bundesgesetz über die Freizügigkeit nicht nur jeder Wirksamkeit für die Bevölkerung entbehren, sondern auch für die Staaten selbst zum Theil von den nachtheiligsten Folgen sein könnte.

Wie wir hierbei über den Werth der Freizügigkeit für die Bevölkerung denken, läßt unser Gesetzentwurf (Anlage B) über die Zulassung neu anziehender Personen für das erweiterte Preußische Staatsgebiet ersehen. Wir sind dabei von der auch gegenwärtig noch von uns festgehaltenen Ansicht ausgegangen, daß es zunächst Aufgabe der Preußischen Regierung gewesen wäre, für Durchführung einer einheitlichen Gesetzgebung in den neuen und alten Provinzen der Preußischen Monarchie zu sorgen und zwar unter strengster Festhaltung des bisherigen Preußischen Princips, wonach a) eine polizeiliche Einschränkung des Aufenthalts selbst gegen den schwersten Verbrecher nach verbüßter Strafe generell gar nicht, sondern ausnahmsweise nur soweit zulässig ist, als im Interesse der öffentlichen

Sicherheit und Sittlichkeit sein Verbleiben an einem einzelnen bestimmten Orte vorzugsweise gefährlich sein würde und wonach b) im Communal-Interesse wegen bloßer Befürchtung einer künftigen möglichen Belastung der Gemeinde eine Einschränkung in der Wahl des Aufenthalts überhaupt unzulässig ist.

Sehen wir nun, wie weit der neue Bundes-Gesetzentwurf in seinen einzelnen Bestimmungen wirksam diesen Grundzügen der bisherigen Preußischen Gesetzgebung auf der einen Seite, und auf der andern Seite den in den Motiven selbst gezogenen Grenzen entspricht.

§. 1.

Jeder Bundesangehörige hat das Recht, innerhalb des Bundesgebiets an dem Orte sich dauernd aufzuhalten, wo er eine eigene Wohnung oder ein Unterkommen sich selbst zu verschaffen im Stande ist.

In der Ausübung dieser Befugniß darf der Bundesangehörige, soweit das gegenwärtige Gesetz nicht Ausnahmen zuläßt, weder durch die Obrigkeit seiner Heimath, noch durch die Obrigkeit des Orts, an welchem er sich aufhalten will, gehindert oder durch lästige Bedingungen beschränkt werden.

Um als Bundesangehöriger ein Recht zum Aufenthalt in Anspruch nehmen zu können, hat der in einem Bundesstaate neu Anziehende auf Verlangen den Nachweis seiner Bundesangehörigkeit zu bringen.

Von unselbstständigen Personen, welche den Aufenthalt an einem Orte ergreifen wollen, kann der Nachweis der Genehmigung Desjenigen verlangt werden, unter dessen (väterlicher, vormundschaftlicher oder ehelicher) Gewalt sie stehen.

1. Nach §. 1 soll nun der Gegenstand dieses in der Ueberschrift titulirten Rechts der Freizügigkeit das Recht involviren, an jedem Orte „seinen dauernden Aufenthalt zu nehmen."

In diesem Ausdruck liegt eine doppelte Gefahr für die Bevölkerung und zwar nach zwei Richtungen.

a. Zunächst wird man uns zugeben, daß, wenn es sich um die Wahl des Aufenthalts handelt, für die tägliche Praxis es ja unendlich oft vorkommt, daß der anziehende Tagelöhner, Arbeiter, Dienstbote, Handwerksgeselle, oft noch gar nicht weiß, ob er am Orte seinen dauernden

2*

Aufenthalt nehmen wird, es würde dies nur dann möglich sein, wenn ihm schon vorher eine bestimmte Condition bekannt wäre, auf die er eingegangen ist. — In wie vielen Fällen aber kommt nicht der Tagelöhner, Handwerksgeselle, Fabrikarbeiter nach der Stadt, ohne jede Ahnung seines Erwerbes, besorgt sich sein Unterkommen und sucht dann die Arbeit, die Condition auf, um, wenn er solche nicht findet, den Ort vielleicht nach kurzer Zeit zu verlassen? Wie soll der Tagelöhner sich also helfen, um von den Wohlthaten des Freizügigkeitsgesetzes im Norddeutschen Bunde Gebrauch zu machen, um die Erfüllung der Bedingungen des Gesetzes der Behörde klar zu legen, welche ihn danach zu fragen hat, ob er einen dauernden Aufenthalt am Orte nehmen will. Liegt also hierin nicht eine große Versuchung für die Behörde, insbesondere die Communalbehörde, von dem Anziehenden sich den Nachweis dieses dauernden Aufenthalts durch den Nachweis einer bereits eingegangenen festen Condition führen zu lassen und damit nach dem Muster jener Heimathsgesetzgebungen, die wir in der Schrift: „Was bedeutet das deutsche Heimathwesen" nach dem Modell der Baierschen Gesetzentwürfe mit möglichster Schonung kritisirt haben, dem Arbeiter, dem Tagelöhner grade das Aufsuchen der Arbeit in unzuverlässiger Weise zu erschweren? Anderenfalls führt ein solcher Ausdruck im Gesetz in seinem nothwendigen Gegensatz dazu, zwischen den Begriff des dauernden Aufenthalts und den wirklichen Reise- und Fremdenverkehr (§ 11 des Entwurfs) noch ein Tertium, den in den Händen unserer Polizeibehörden so beliebten „vorübergehenden" Aufenthalt einzuschieben, der bisher nur dazu gedient hat, der Polizeibehörde vermittelst des Systems von sogenannten Aufenthaltskarten 2c. die Möglichkeit jeder Chikane zu sichern, und sie auf der anderen Seite versuchsweise vor jeder Verantwortung der Gemeinde gegenüber zu schützen. Auch nach Beseitigung dieser Aufenthaltskarten durch das Paßgesetz halten wir die aus der Bezeichnung dauernder Aufenthalt im §. 1 des Gesetzentwurfs entspringende Versuchung für die Local-Polizeibehörden, immer noch daneben an einen vorübergehenden Aufenthalt zu glauben, bei welchem sie ihre uneingeschränkte Machtvollkommenheit walten lassen können, im Interesse der Bevölkerung für sehr bedenklich. Warum stellt man im § 1, wenn man es nicht vorzieht, den Ausdruck Aufenthalt, wie in dem Preußischen Gesetz über die Aufnahme neu anziehender Personen, ohne jedes Epiteton zu brauchen, nicht lieber an die Stelle des dauernden Aufenthalts den Ausdruck des örtlichen Aufenthalts, welcher den Gegensatz zu dem Reise- und Fremdenverkehr, der ja im § 11 schon von den Wirkungen des Gesetzes ausgeschlossen ist, genügend charakterisiren würde.

b. Noch gefährlicher aber ist der in dem Ausdruck: „dauernder Aufenthalt" im § 1 des Freizügigkeitsgesetzes liegende sprachliche Gegensatz gegen die Ausdrucksweise des Art. 3 der Bundes-Verfassung selbst, welcher, wie wir oben gesehen haben, den festen Wohnsitz als Bestandtheil des gemeinsamen Indigenats im Norddeutschen Bunde aufführt. Wir geben zu und bitten sogar darauf Acht zu geben, daß für den gewöhnlichen Menschenverstand doch wahrlich kein Unterschied in der subjectiven Befugniß, am Orte sich aufzuhalten, oder am Orte zu wohnen, liegen kann. Gerade aber in der scheinbaren Unverfänglichkeit dieses Ausdrucks liegt eben die Gefahr für die mit den Geheimnissen jener Particular-Gesetzgebungen über das Heimathwesen nicht vertraute Bevölkerung.

Noch heutigen Tages würde bei der Divergenz des Ausdrucks in dem Art. 3 der Bundes-Verfassung selbst und in dem § 1 des neuen Bundes-Freizügigkeitsgesetzes jede Localbehörde in den einzelnen Bundesstaaten, in denen, wie wir oben auf S. 13 gesehen haben, die Gesetzgebung zwischen dem Rechte zum Wohnsitz und zum Aufenthalt unterscheidet, sich mit größter Leichtigkeit von jedem Neuanziehenden durch eine einfache Suggestivfrage die für den gewöhnlichen Menschenverstand sehr unverfängliche Erklärung verschaffen können, daß er am Orte seinen „Wohnsitz" nehmen wolle, und sofort würde die Gemeindebehörde dann in der Lage sein, sich darauf zu berufen, das Bundesgesetz gestatte wohl den Aufenthalt, nicht aber den Wohnsitz unter den erleichternden Bedingungen und deshalb sei nach der ausdrücklichen Bestimmung des Art. 3 der Bundes-Verfassung für die Ergreifung des Wohnsitzes der Neuanziehende den nach der bisherigen inländischen Gesetzgebung bestehenden, dem System des sogenannten Heimathsrechts entspringenden Beschränkungen unterworfen.

Ohne also mit jenem die Grundlage des ganzen sogenannten Heimathssystems bildenden Unterschiede der subjectiven Befugniß zum Wohnsitz und der subjectiven Befugniß zum Aufenthalt aufzuräumen, d. h. also ohne diese ganze Heimaths-Gesetzgebung umzugestalten, wäre trotz des § 1 des Bundes-Freizügigkeitsgesetzes das ungehinderte Recht zum Aufenthalt in den Händen der Local- oder Polizeibehörde völlig illusorisch. Wir müssen hier wiederholt auf die Schrift des Verfassers: „Was bedeutet das deutsche Heimathwesen?" von S. 15—17 und S. 36 verweisen. Und — man glaube ja nicht, daß, so hohl und leer dieser Unterschied auch aussieht, die Gemeindebehörden nicht Mittel und Wege finden würden, ihn auf's Kräftigste zu handhaben. Und wenn auch selbstverständlich hiergegen eine Remedur im Beschwerde-Wege nachzusuchen wäre, so würde dieselbe doch für die hierbei wesentlich interessirten Klassen der Bevölkerung in den meisten Fällen zu spät kommen, um sie vor den unwiderruflichen Nachtheilen und Beeinträchtigungen der einmal geschehenen Ausweisung zu schützen. Insbesondere würde, wie wir hier ein für alle Mal bemerken wollen, eine so complicirt construirte Beschwerdeinstanz wie die, welche nach den gegenwärtigen Verhältnissen in der Bundesgewalt liegen möchte, für den Specialfall in eine unerreichbare Perspective Behufs wirksamer Abhülfe gerückt sein.

Wir würden uns daher nach der von uns schon oben S. 13 dem Art. 3 der Bundes-Verfassung gegebenen Interpretation dafür aussprechen, wenn überhaupt ein derartiges Gesetz über die Wahl des localen Aufenthaltswechsels im gegenwärtigen Augenblick für das gesammte Bundesgebiet erlassen werden soll,

1. im §. 1 jedes Epiteton des Aufenthalts fortzulassen oder höchstens statt des Ausdrucks: „dauernder Aufenthalt" den „örtlichen Aufenthalt" zu substituiren und gleichzeitig

2. ausdrücklich im Gesetz auszusprechen, daß neben dem solchergestalt formulirten Recht zum Aufenthalt ein besonderes Recht zum Wohnsitz nicht mehr existire und daß deshalb auch von den zur Erwerbung eines solchen Rechts nach den bestehenden Particular-Gesetzgebungen erforderlichen Bedingungen nicht mehr die Rede sein könne.

Wie es aber möglich sein soll, in einer solchen Art das neue Gesetz ohne Eingreifen in die particulare Heimathsgesetzgebung zu formuliren, das ist die erste Frage, deren Beantwortung nicht ganz ohne Schwierigkeit sein dürfte.

2. Das Bundesgesetz sagt uns nicht, wen es unter dem etwas mystiriösen Ausdruck eines „Bundesangehörigen" versteht; es geht hierbei also anscheinend davon aus, daß der Staatsangehörige des Einzelstaats auch allemal dadurch die Eigenschaft des Bundesstaatsbürgerrechts haben solle und ferner, daß die Frage, wer denn Staatsangehöriger eines der Staaten des Norddeutschen Bundes sei, eben so offen und klar für das Verständniß der sämmtlichen Lokalbehörden im ganzen Bundesgebiet darliege, wie etwa in Preußen die Frage nach der Preußischen Unterthanenschaft. Gerade aber weil dem nicht so ist, weil vielmehr die Bedingungen für den Erwerb und Verlust der Unterthanenschaft in den einzelnen Deutschen Staaten so völlig divergirend, schwankend und äußerlich unerkennbar waren, hat ja selbst schon die Gothaer Convention es für nöthig befunden, die Bestimmungen über die Uebernahmepflicht auch hinsichtlich solcher Personen zu regeln, deren frühere Unterthanenschaft in dem einen Staat erloschen oder deren Unterthanenschaft überhaupt nicht nachweisbar ist.

Bis zum Erlaß eines Gesetzes über die Staatsangehörigkeit in den einzelnen Bundesstaaten oder im Bunde selbst nach Art. 4 der Bundes-Verfassung bleibt also ein Gesetz über die Freizügigkeit der „Bundesangehörigen", selbst wenn darunter eo ipso die Staatsangehörigen der einzelnen Bundesstaaten verstanden werden, wegen des damit verbundenen Ausschlusses desjenigen Theils der Bevölkerung, dessen Unterthanenschaft erloschen oder ungewiß ist, von sehr eingeschränktem Werth. Schon in formeller Beziehung würde dasselbe für jeden einzelnen Umzugsfall die Gemeindebehörde des neugewählten Aufenthalts, z. B. in Mecklenburg, nöthigen, sich über die behauptete Staatsangehörigkeit des Anziehenden zu einem der Norddeutschen Bundesstaaten immerhin zu vergewissern und also auf Vorlegung eines internationalen Heimathscheins (vgl. oben S. 9) nach wie vor zu bestehen. Es würde also in dieser formellen Beziehung für das Publicum wie für die Behörden keine wesentliche Aenderung mit den bisherigen Zuständen eingetreten sein.

3. Es läßt sich aber auch die *sachliche* Erfolglosigkeit des Gesetzentwurfs sowohl für diejenigen Bevölkerungsklassen, deren Aufenthaltswechsel ökonomische oder polizeiliche Befürchtungen für Staat oder Gemeinde erwecken möchte, als auch für die beglückte Minderheit derjenigen höchstens 14 pCt. der gesammten Bevölkerung beweisen, welche durch ihre äußere Lage vor derartigen mit ihrem Aufenthalt verbundenen Befürchtungen schon an und für sich gesichert sind. Für diese letztere Minderheit der Bevölkerung war ja eben, wie wir oben S. 9 gesehen haben, schon bisher wenigstens bei Production eines internationalen Heimath- oder auch nur Uebernahmescheins eine so erleichterte Praxis eingeführt, daß wenigstens der Ergreifung des *Aufenthalts* in einem der contrahirenden Staaten nach der Convention vom 15. Juli 1851 für diese 14 pCt. der Bevölkerung alle entgegenstehenden *Interessen* aus dem Wege geräumt waren. Für diese beglückte Minderheit also würde auch gegenwärtig wohl ein so dringendes Bedürfniß zu einem weitergehenden Gesetz, welches ausdrücklich *nur die Befugniß zum örtlichen Aufenthalt* und nichts *Mehreres* zum Gegenstande hat, kaum vorliegen. Andererseits aber bleibt ja auch für sie, wie für die übrigen 86 pCt. der Bevölkerung, wie wir so eben gesehen haben, das bisherige Erforderniß zur Beibringung eines internationalen *Heimathscheins* unerläßlich. Mit einem bloßen *Uebernahmeschein* ihrer Regierung in der Hand, welcher also bekundet, daß trotz bereits *erloschener* oder nicht *nachweisbarer* Staatsangehörigkeit der einzelne Staat doch wenigstens seine *conventionsmäßige* Uebernahmeverpflichtung anerkennt, bleibt sowohl jene beglückte Minderheit

als die übrige Bevölkerung nach wie vor, trotz § 1 des Bundes-Freizügigkeitsgesetzes, der völlig uneingeschränkten Ausweisungsbefugniß des Staats und implicite auch der einzelnen Gemeinde nach der Gothaer Convention unterworfen, denn das Bundes-Freizügigkeitsgesetz erheischt ja im § 1 ausdrücklich den Nachweis der vorhandenen Bundesangehörigkeit, d. h. also doch wohl der vorhandenen Staatsangehörigkeit zu einem der Norddeutschen Bundesstaaten, um von der neuen Freizügigkeit Gebrauch zu machen.

Selbst aber der Besitz eines Heimathscheins würde den Inhaber keineswegs immer schützen, denn der Heimathschein bekundet ja nichts Anderes, als die Anerkennung z. B. der Preußischen Staatsangehörigkeit im Augenblick der Ausstellung, er garantirt aber über die Dauer eines zehnjährigen Aufenthalts außerhalb des Preußischen Staatsgebiets hinaus keineswegs die Fortdauer dieser Preußischen Staatsangehörigkeit (Unterthanenschaft), sondern nur die Fortdauer der conventionsmäßigen internationalen Preußischen Rücknahmeverpflichtung.

Sollte also ein Preußischer Unterthan bei der Publication des neuen Bundes-Freizügigkeitsgesetzes sich vielleicht bereits 9 Jahr 6 Monate in Leipzig aufgehalten haben, so würde er allerdings für die folgenden 6 Monate sich noch auf § 1 des neuen Freizügigkeitsgesetzes berufen und nur unter den Einschränkungsgründen der §§ 2, 3, 4 des Bundes-Gesetzentwurfs ausgewiesen werden können. Nach Ablauf fernerer 6 Monate aber, wo er nach Preußischen Gesetzen also aufgehört hat, Preußischer Unterthan zu sein, ohne die Sächsische Unterthanenschaft erlangt zu haben, da würde ohne Weiteres auch nach Erlaß des projectirten Bundes-Freizügigkeitsgesetzes sofort die conventionsmäßige uneingeschränkte Ausweisungsbefugniß ohne Angabe irgend welchen Ausweisungsgrundes wieder in Kraft treten. Wie man also durch die Fassung des Bundes-Gesetzentwurfs und durch die Hineinziehung der problematischen Qualität der Bundesangehörigkeit, ohne vorgängige Ausgleichung der Gesetzgebung über die Staatsangehörigkeit im Norddeutschen Bunde, einen praktischen Vortheil für die Bevölkerung erreichen will, — das vermögen wir in der That nicht zu erkennen.

4. Ganz eigenthümlich würden daneben freilich immerhin die Wirkungen einer solchergestalt auf die einzelne Kategorie der nachweisbar Staatsangehörigen beschränkte Ausweisungs-Befugniß nach der Gothaer Convention für die Staaten selbst sein, gegen welche in dem, nach § 6 des Entwurfs vorbehaltenen Streitverfahren von der Ausweisungs-Befugniß eines andern Staats Gebrauch gemacht werden soll.

Wenn nämlich wirklich die beabsichtigte Einschränkung der conventionsmäßigen internationalen Ausweisungs-Befugniß in Betreff der Bundesangehörigen vollkommen gesichert wäre, so würde doch gerade dadurch der öffentliche Rechtszustand für die Staaten unter einander ein sehr abnormer sein. Denn es müßte danach jeder Staat gerade diejenigen Personen, welche längst aufgehört haben, seine Unterthanen zu sein, oder deren Unterthanenschaft überhaupt nicht nachweisbar ist, welche aber zufällig in seinem Gebiet sich 5 Jahre lang aufgehalten, oder 6 Wochen hindurch nach ihrer Verheirathung einen Hausstand gehabt haben ꝛc., ohne Angabe irgend welchen Ausweisungsgrundes und zu jeder Zeit auf Verlangen des ausweisenden Staats bei sich aufnehmen, während ihm in Betreff seiner wirklichen Staatsangehörigen diese Aufnahmepflicht nur unter den einschränkenden Bedingungen des Bundesgesetzes obliegen würde.

5. Wir unsererseits legen principaliter jedoch viel mehr Gewicht darauf, daß nicht eine einzelne Kategorie, sondern daß sämmtliche Kategorien der Bevölkerung, also auch diejenigen, deren Unterthanenschaft blos durch die Ungunst der zersplitterten Gesetzgebung ihnen abhanden gekommen ist, von der uneingeschränkten Ausweisungsbefugniß nach der Gothaer Convention befreit und gleichwohl berechtigt wären, ihren Aufenthalt in jedem der Bundesstaaten zu wählen.

Durch § 1 des Buudes-Gesetzentwurfs aber eine neue Ungleichheit zu schaffen, bis die spätere Bundeslegislatur ihrerseits zu einem Resultat über den Begriff eines Bundesangehörigen, also zur legalen Fixirung eines Unions-Bürgerrechts gelangt sein wird, erscheint uns viel bedenklicher.

Wie weit in dieser Beziehung die Intentionen der künftigen Gesetzgebung gehen werden, wie weit insbesondere eine Ausgleichung des Begriffs der Staatsangehörigkeit innerhalb der einzelnen Bundesstaaten unter einander oder gar eine Intentificirung dieses Staatsbürgerrechts mit dem Unionsbürgerrecht stattzufinden haben wird, darüber lassen das vorliegende Bundesgesetz so wenig wie die Motive auch nicht einmal eine Vermuthung zu, darüber fehlt es zur Zeit also für die Bundeslegislatur, welche sich des Ausdrucks „Bundesangehörige" schon jetzt bedienen soll, an jeder erkennbaren Marke.

Wir empfehlen daher mit dem obigen generellen Vorbehalt hier die Erwägung des § 1 unseres Gesetzentwurfs (Anlage A) durch welchen wenigstens für sämmtliche Kategorien die internationale Ausweisungsbefugniß nach der Gothaer Convention auf das Maaß des Preußischen Aufnahmegesetzes für den gegenseitigen Verkehr zwischen den Bundesstaaten reducirt und wodurch die Staaten genöthigt werden würden, im Wege der Partikular-

Gesetzgebungen die Ausweisungsbefugniß ihrer Localgemeinden in Betreff der Ausweisungsgründe auf dasselbe Maaß zu beschränken.

6. Soll aber durch den § 1 wirklich, wenigstens für die Kategorie der nachweisbar Staatsangehörigen der einzelnen Bundesstaaten, die bisher uneingeschränkte Ausweisungsbefugniß nach der Gothaer Convention eingeschränkt werden, so würde, insbesondere bei der zweifelhaften Fassung der Art. 3 und 4 der Bundes-Verfassung, eine ausdrückliche Declaration hierüber nothwendig sein.

Da sonst auf einem so wichtigen, zu Streitigkeiten so leicht Veranlassung gebenden Gebiet zwei vom Bunde selbst sanctionirte, sich direct widersprechende gesetzliche Normen sich in Kraft befinden würden, nämlich der § 1 des Bundesgesetzes über die Freizügigkeit und § 1 der Gothaer Convention, — so würden wir eine solche Declaration im Interesse der Bevölkerung keineswegs für einen Pleonasmus, sondern für einen sehr nothwendigen Riegel zur Vermeidung von Zweideutigkeiten und Mißverständnissen halten. Ob die verlangte Declaration übrigens durch einen Zusatz zum § 1, oder einen besonderen Schlußparagraphen des Gesetzes zu bewirken wäre, würde event. ad referendum zu nehmen sein.

7. Der § 1 des Bundes-Gesetzentwurfs ist im Wesentlichen dem § 1 des Preußischen Gesetzes über die Aufnahme neu anziehender Personen nachgebildet mit der Modification, daß das Preußische Gesetz dieselbe gesetzliche Position dahin faßt, daß keinem selbstständigen Preußischen Unterthanen an dem Orte, wo er sich ein Unterkommen verschafft, der Aufenthalt verweigert oder durch lästige Bedingungen erschwert werden darf, wogegen der Bundes-Gesetzentwurf positiv das subjective Recht zur Wahl des Aufenthalts voranstellt. Wir wollen die gute Absicht, welche hierbei, wie ja unbestritten, bei dem ganzen Gesetzentwurf vorgewaltet hat, nicht verkennen und acceptiren diese veränderte Fassung bestens, obwohl wir damit keineswegs generell anerkennen können, daß nicht häufig ein negatives Verbot eindringlicher klingt, als eine positive Proclamation eines gegenüberstehenden Rechts.

8. Endlich hat der § 1 des Bundes-Gesetzentwurfs auch unsern legislativen Wünschen insofern Rechnung getragen, als er, wie es auch bereits in unserem Gesetzentwurf (Anlage B) geschehen ist, die Bezeichnung eines „selbstständigen" Preußischen Unterthanen, Bundesangehörigen, vermieden hat, welche zu soviel Irrungen in Preußen Veranlassung gegeben hat. Wir würden es vorziehen, wenn auch in dem vierten Absatz des § 1 des Bundes-Gesetzentwurfs die Bezeichnung der „unselbstständigen ꝛc.

Personen fortbliebe, was durch die von uns gewählte Fassung des § 1 sub 3 und 4 unseres Entwurfs (Anlage A) erreicht werden würde.

§ 2.

Insoweit bestrafte Personen, nach den Landesgesetzen, Aufenthaltsbeschränkungen durch die Polizeibehörde unterworfen werden können, behält es dabei sein Bewenden.

Solchen Personen, welche derartigen Aufenthaltsbeschränkungen in einem Bundesstaate unterliegen oder welche in einem Bundesstaate innerhalb der letzten zwölf Monate wegen wiederholten Bettelns oder wegen wiederholter Landstreicherei bestraft worden sind, kann der Aufenthalt in jedem anderen Bundesstaate von der Landes-Polizeibehörde verweigert werden.

1. Hier tritt zunächst der Zwiespalt hervor, der in dem Bundesgesetz über die Freizügigkeit mit den Territorialgesetzen besteht. Dieser Paragraph zeigt also zunächst deutlich, daß das Bundesgesetz keineswegs die Absicht hat, sich als solches an die Stelle der bisherigen Territorialgesetze über denselben Gegenstand zu stellen. Welche Schwierigkeiten entstehen nicht schon aus diesem Doppelbestande der bisherigen und der neuen Bundes-Gesetzgebung, des Zustandes der neu erworbenen Preußischen Provinzen nicht zu gedenken, welche dadurch einer dreifach geschichteten Gesetzgebung unterworfen sein würden.

Bei der bestehenden Verschiedenheit dieser Gesetzgebungen aber dürfte es doch wahrlich sehr bedenklich sein, von Bundeswegen diese polizeilichen Beschränkungen der Wahl des Aufenthalts als fortbestehend, ohne sie im Detail zu kennen, zu sanctioniren.

2. Schon in der Schrift: „Was bedeutet das Deutsche Heimathwesen" S. 22 ist wegen der Einschränkung der Wahl des Aufenthalts für bestrafte Personen unter Anführung der in den neuesten bairischen Gesetzentwürfen darüber projectirten Normen daran erinnert worden, daß hier wichtige Interessen der Gesellschaft und des Staates auf dem Spiele stehen, wenn man selbst dem früheren Verbrecher in engherziger Weise die Aufsuchung des ehrlichen Erwerbes an andern Orten abschneidet, während man doch an ihn, wie an jeden Andern die Forderung machen muß, sich und die Seinigen aus eigenen Kräften zu ernähren, und ihm daher nach überstandener Strafe auch nicht die Gelegenheit entzogen werden darf, seine Arbeitskraft an denjenigen Orten zu verwerthen, wo es für ihn am ersprießlichsten ist.

3. Wir halten diese bundesgesetzliche Garantie der particular-gesetzlich polizeilichen Einschränkungen der Freizügigkeit für um so bedenklicher, als diese Particular-Gesetzgebungen mit Ausnahme der Preußischen die Handhabung dieser Maßregeln zunächst in die Hände der Local-Polizeibehörde legen und zwar für eine ganze Reihe von Verbrechen und Vergehen, welche dem Grade ihrer Immoralität und Gefährlichkeit nach oft sehr weit aus einander liegen. Auch nach verbüßter Strafe wird der Thäter theils gänzlich, theils für eine lange Reihe von Jahren lediglich nach dem Willen der Local-Polizeibehörde überall von der Ergreifung des Aufenthalts ausgeschlossen und an dem sogenannten Heimathsort internirt, wo man von ihm und seinem begangenen Verbrechen vielleicht überhaupt gar nichts mehr weiß. Ist er aber an seinem Heimathsort zufällig auch einheimisch geblieben, hat er dort wirklich noch gegenwärtig persönliche Beziehungen und sich dort aufgehalten, so ist er dort oft gerade im sicherheitspolizeilichen Interesse wie im Interesse der öffentlichen Sittlichkeit am gefährlichsten, oder es fällt ihm gerade hier gewöhnlich am schwersten, sich Arbeit und einen ehrlichen Erwerb zu verschaffen und sich seinen bisherigen verbrecherischen Verbindungen zu entziehen.

4. Die Preußische Gesetzgebung vom 31. December 1842 macht auch hier einen wesentlichen Unterschied, indem sie die Einschränkungs-Befugniß der Wahl des Aufenthalts im Interesse der öffentlichen Sicherheit oder Sittlichkeit den Händen der hierbei viel zu sehr interessirten Local-Polizeibehörde gänzlich entzieht und nur der Landes-Polizeibehörde die Befugniß verleiht, in solchen Fällen, wo Jemand wegen eines Verbrechens oder Vergehens bestraft ist, welches sein Verbleiben an einem bestimmten Orte vorzugsweise gefährlich erscheinen lassen möchte, ihn von dem Aufenthalt an diesem Orte auszuschließen.

5. Ganz eigenthümlich aber ist der Schlußpassus des § 2, wonach solchen Personen, welche derartigen Aufenthaltsbeschränkungen in einem Bundesstaate unterliegen, oder welche in einem Bundesstaate innerhalb der letzten 12 Monate wegen wiederholten Bettelns oder wiederholter Landstreicherei bestraft worden sind, der Aufenthalt in jedem andern Bundesstaate von der Landes-Polizei-Behörde verweigert werden kann. Es würde danach also ein Preußischer Unterthan, der sich in Meiningen aufhält, dort bettelt und nach verbüßter Strafe im ganzen Lande mit Entziehung seiner Aufenthalts-Wahl nebenher noch gemaßregelt werden kann, nun auch, wenn er nach Preußen zurückkommt, ohne Weiteres von der Landes-Polizei-Behörde in gleicher Art behandelt werden können, obwohl wenn er in Preußen selbst gebettelt hätte oder er, wenn er in Preußen

selbst wegen Landstreicherei bestraft wäre, einer solchen Beschränkung gar nicht unterliegen würde. Es läge hierin also wenigstens für Preußen eine gewisse mittelbare Ausdehnung der landespolizeilichen Ausweisungsbefugniß gegen die eigenen Unterthanen. Man kann nun wohl zugeben, daß voraussichtlich keine Preußische Behörde von der ihr ertheilten Befugniß einen über die Grenze der Landesgesetze hinausgehenden Gebrauch machen wird. Eigenthümlich aber bleibt es immer, in dem Bundesgesetz, welches als solches den Landesgesetzen vorgeht, eine solche Erweiterung des polizeilichen Zwanges zu finden. Wir können daher in dieser Bestimmung eben nur den Beweis dafür erblicken, daß es zur Zeit unmöglich ist, ohne Kenntniß der Details der Landesgesetze hier zu operiren, wenn man es nicht etwa vorzieht, sich durch stricte Adoption jenes Preußischen Grundsatzes zu helfen.

6. Der § 2 enthält übrigens, worauf wir schon oben Seite 16 aufmerksam gemacht haben, den einzigen Ausweisungsgrund, welcher in dem internationalen Verkehr, d. h. bei der Verlegung des Aufenthalts von einem Bundesstaat in den andern, von Staatswegen der Aufenthalts-Wahl entgegengestellt werden kann. Doch aber übergeht er einen Punkt, nämlich die Frage, ob noch ferner die Landesverweisung im Wege des Strafprocesses in einem Bundesstaat gegen die Unterthanen des anderen verhängt werden kann. Wir geben zu, daß diese Frage mehr in das Strafgesetzbuch als in das Freizügigkeitsgesetz gehört. Gerade aber der Schlußpassus des § 2 nöthigt uns hierauf einzugehen. Es würde danach, wenn z. B. ein Mecklenburger in Preußen zur Landesverweisung verurtheilt worden wäre, in den Händen der Mecklenburgischen Landes-Polizei-Behörde liegen, darüber zu befinden, wie weit jene in Preußen verhängte Strafe executirt werden kann. Es dürfte also schon hier am Orte sein auszusprechen, daß man bei § 2 voraussetzt, daß auch im gerichtlichen Verfahren auf Landesverweisung nicht mehr erkannt werden darf, und daß da, wo es dennoch, insbesondere schon vor Erlaß der Verfassung, geschehen sein möchte, das ergangene Strafurtheil in soweit außer Kraft tritt; ob aber diese Negation der Strafe der Landesverweisung damit harmonirt, wenn der Localgemeinde noch tagtäglich die polizeiliche Ortsverweisung rücksichtslos (nach stattgehabter Strafverbüßung für ein begangenes Vergehen oder Verbrechen) zustehen soll, das will uns nicht recht einleuchten.

7. Was nun die besondere Auszeichnung der Bettler und Landstreicher in dem § 2 betrifft, so ist dies, wie gesagt, gegen das Preußische Princip geschehen. Wir möchten denn doch auch wirklich fragen, welches Interesse der Staat dabei haben soll, wenn ein bisheriger Landstreicher sich wirklich an einem Orte eine Wohnung oder ein Unterkommen

verschafft und (§ 1 des Gesetzentwurfs) dadurch also seine Absicht, jenen Lebenswandel aufzugeben, und an einem Orte seinen „dauernden“ Aufenhalt zu wählen, an den Tag legt, dies ganz besonders zu erschweren. Sperren wir also auf der einen Seite Wohnungsertrotzer, Landstreicher ein, was übrigens oft aus den unlautersten Motiven von den Polizeibehörden vernachlässigt wird, so ist es doch eine eigenthümliche polizeiliche Maxime, gerade diese Leute vorzugsweise an der Gewinnung eines bestimmten Aufenthaltsorts zu verhindern.

In Preußen besteht bekanntlich die Vorschrift, daß Landstreicher nach verbüßter Strafe für dies Vergehen auf Anordnung der Landes-Polizeibehörde in einer Detentionsanstalt untergebracht werden sollen.

Dies Verfahren hat doch wesentlich den Zweck, da in solchen Fällen selbstverständlich die Strafhaft nur eine kurze sein kann, durch eine längere Detention den Landstreicher an ein geordnetes Leben rc. zu gewöhnen. Daß dieser Zweck in den seltensten Fällen erreicht werden wird, kann zugegeben werden. Was würde man aber sagen, wenn eine derartige Maßregel, welche ad libitum der Behörde gestellt ist, sich vielleicht in einem Jahr 4mal wiederholt, anstatt daß von vorne herein die Einsperrung auf mindestens ein halbes Jahr angeordnet werden mußte, wenn auch nur eine Möglichkeit eines Erfolges vorliegen sollte. Auf diese Weise wird also ein Landstreicher 4mal im Jahr entlassen, an seine angebliche Heimath gewiesen, dort wegen fehlenden Unterkommens wieder ausgewiesen und in Folge dessen alsbald auf der Landstraße aufgegriffen, als Landstreicher mit 8 Tagen Gefängniß bestraft, demnächst in die Detentionsanstalt eingeliefert und dort nach fernern 8 Tagen wieder nach demselben Orte entlassen rc. rc. Das ist das Recept, ob gegen oder für die Landstreicherei? darüber wollen wir uns kein Urtheil erlauben. Ob aber solche Erfahrungen aus der Praxis dahin führen können, einem solchen Menschen, wenn es ihm einmal gelingt sich eine Wohnung, ein Unterkommen zu verschaffen, diese Gelegenheit eher abzuschneiden, wie einem Andern, das ist es, worauf wir hier die öffentliche Aufmerksamkeit zu lenken bemüht gewesen sind und hierzu giebt der § 2 des Bundes-Gesetzentwurfs uns, wie wir glauben, vollständig Veranlassung.

§ 3.

Die Gemeinde ist zur Abweisung eines neu Anziehenden nur dann befugt, wenn sie nachweisen kann, daß derselbe nicht hinreichende Kräfte besitzt, um sich und seinen nicht arbeitsfähigen Angehörigen den nothdürftigen Lebensunterhalt zu verschaffen, und wenn er solchen weder aus eigenem Vermögen bestreiten kann, noch von einem dazu verpflichteten Verwandten erhält. Den Landesgesetzen bleibt vorbehalten, diese Befugniß der Gemeinden zu beschränken.

§ 4.

Offenbart sich nach dem Anzuge die Nothwendigkeit einer öffentlichen Unterstützung bevor der neu Anziehende an dem Aufenthaltsorte einen Unterstützungswohnsitz (Heimathsrecht) erworben hat und weist die Gemeinde nach, daß die Unterstützung nicht blos wegen einer vorübergehenden Arbeitsunfähigkei nothwendig geworden ist, so kann die Fortsetzung des Aufenthaltes versagt werden.

Diese Paragraphen enthalten nach ihrem Wortlaut diejenigen Ausweisungsgründe, welche der Aufenthaltswahl des Einzelnen aus ökonomischen Rücksichten entgegengestellt werden können, und gleichzeitig im § 4 eine relative Zeitbestimmung darüber, wie lange von dieser Ausweisungs-Befugniß Gebrauch gemacht werden darf. Es wird hierbei davon ausgegangen, daß ein Interesse an der Wahrnehmung derartiger ökonomischer Rücksichten bei der Wahl des Aufenthalts im Bundesgebiet nur für die einzelne Gemeinde, nicht aber für den einzelnen Staat ferner besteht. Wir wollen hier nicht darüber streiten, ob eine solche Decretur wirklich den Verhältnissen in den einzelnen Staaten entspricht, und ob der Staat als wirthschaftliches Ganze nicht auch seinerseits ein Interesse bei einer wirklich garantirten freien Wahl des Aufenthalts eines jedweden Ankömmlings an seinen Grenzen haben würde. Ob ein solches Interesse besteht oder nicht, kann aber niemals von der Bundes-Gesetzgebung decretirt werden, es richtet sich dies vielmehr, wie leicht einzusehen, nach den Special-Gesetzgebungen über die Tragung der öffentlichen Armenlast im Staate. Es findet sich nun aber gerade, daß in den meisten der deutschen Bundesstaaten der Staat ein sehr wesentliches Interesse bei der Tragung dieser öffentlichen Armenlast hat, weil ihm in denjenigen Staaten, in denen jene sogenannte Heimaths-Gesetzgebung Geltung hat, bei dem Fehlen eines inländischen Heimathsortes, also für die sogenannten heimathlosen Personen, die Last der öffentlichen Armenpflege in gleicher Art obliegt, wie in Preußen in solchen Fällen den Landarmenverbänden.

Wenn nun trotz dieses effectiv bestehenden Staatsinteresses der übrigen Bundesstaaten, mit Ausnahme Preußens, der Bundes-Gesetzentwurf ein solches Staatsinteresse ignorirt, so können wir nur annehmen, daß die übrigen Bundesstaaten durch die ihren Localgemeinden in die Hand gelegte Wahrnehmung des wirthschaftlichen Gemeinde-Interesses auch das wirthschaftliche Staats-Interesse nach § 3 und 4 des Bundes-Gesetzentwurfs für genügead gewahrt angenommen haben. Und in der That ist dies auch, wie wir sogleich sehen werden, in einem so hohen Grade der Fall, daß jene Bundesstaaten für ihr Interesse mehr als zur Genüge beruhigt sein können. Ob diese Beruhigung des Staats durch die Gemeinde, als mittelbare Wächterin seines Interesses, aber auch im Interesse der Freizügigkeit, der ungehinderten Wahl des Aufenthalts für die Bevölkerung liegt, das ist eben die Frage, worüber wir die Aufmerksamkeit des Reichstages wie des gesammten Vaterlandes hier anrufen möchten. In dieser Frage gipfelt ja eben der Werth der ganzen Gesetzgebung.

Wir geben zu, daß nach § 3 die Befugniß der Gemeinde zur Verweigerung des Aufenthalts in den meisten der zum Bunde gehörigen Staaten mit Ausnahme Preußens, aus dessen bisheriger Gesetzgebung dieser § gerade entnommen ist, eine Einschränkung im Interesse der Freizügigkeit erfahren hat. Auch nach dem dänischen Armengesetz für Schleswig und Holstein vom 25. Dec. 1841 galt übrigens auch schon derselbe Grundsatz. Es ist danach der bloße Eintritt der Armenpflege, die ja aus den verschiedensten vorübergehenden Ursachen täglich nothwendig werden kann, nicht mehr ausreichend, um einem Neu-Anziehenden, wie es bisher nach den meisten dieser deutschen Heimathsgesetzgebungen zulässig war, zu sagen: du packst dich auf und gehst dahin, woher du gekommen bist, — sondern es soll hierzu der Nachweis qualitativer Arbeits- und Erwerbsunfähigkeit des Anziehenden erforderlich sein, welche es ihm unmöglich macht, den nöthigen Unterhalt für sich und die Seinigen mit eigenen Kräften zu verdienen.

Es soll diese Bedingung also nach dem Bundesgesetz, ebenso wie sie bisher in Preußen für die Preußischen und also daselbst nach Einführung des gemeinsamen Indigenats auch schon bisher für die übrigen Staatsunterthanen der Bundesstaaten bestand, nunmehr auch in den übrigen Bundesstaaten sowohl für ihre eigenen, als auch für die übrigen Bundesangehörigen gelten.

Wo aber ist denn der, in der Preußischen Gesetzgebung noch besonders hervorgehobene Grundsatz geblieben, daß die bloße Befürchtung einer künftigen Belästigung der Gemeinde nicht genügt, nun den Neuanziehenden zurückzuweisen?

Wennschon wir zugeben, daß bei richtigem Verständniß und einer stricten Befolgung des Bundesgesetzes dieser Satz als selbstverständlich entbehrt werden könnte, so halten wir uns zu obiger Frage nach dem plötzlichen Verschwinden jenes Grundsatzes aus dem Bundes-Gesetzentwurf um so mehr berechtigt, als bereits vor Publication desselben durch verschiedene Federn in der Tagespresse gerade dieser Grundsatz als eine besonders hervorzuhebende Eigenthümlichkeit der neuen Bundes-Gesetzgebung gerühmt, theils sogar von gewisser Seite, trotz des darin möglicherweise zu findenden Pleonasmus, die Aufnahme desselben aus dem Preußischen in das Bundesgesetz verlangt wurde. —

Nun, wir müssen gestehen, daß wir dies Verlangen nicht nur vollkommen gerechtfertigt finden, sondern daß wir bereits längst, bevor jene Besprechungen in den öffentlichen Blättern laut wurden, wie der § 3 unseres Gesetzentwurfs über die Zulassung neuanziehender Personen für das erweiterte Preußische Staatsgebiet (Anlage B) ergiebt, auch unsererseits für zweckmäßig gehalten haben, jenen Grundsatz gerade an die Spitze der Bestimmungen über die Ausweisungsbefugniß der Gemeinden zu stellen.

Bei allem Widerwillen gegen legislative Pleonasmen haben wir uns doch gewundert, gerade diesen Grundsatz in dem neuen Bundes-Gesetzentwurf nicht zu finden; jedoch wird es uns vielleicht bei der Besprechung des § 9 des Bundesgesetzes gelingen, einen Grund dafür zu finden, weshalb jener Satz in das vorliegende Bundesgesetz wirklich nicht hineinpaßt.

2. Dagegen müssen wir hier, was die Wiederausweisungsbefugniß der Gemeinde gegen bereits angezogene Personen betrifft, noch auf mehrere wichtige Punkte bei § 4 aufmerksam machen. Der erste derselben betrifft zwar nur die Wortfassung dieses Paragraphen, ist jedoch von den weittragendsten Folgen. Der § 4 verlangt, um der Gemeinde das Recht der Wiederausweisung zu geben, neben dem thatsächlichen Eintreten der öffentlichen Armenpflege noch den Nachweis,

„daß die Unterstützung nicht bloß wegen einer vorübergehenden „Arbeitsunfähigkeit nothwendig geworden sei".

Hierzu wird in den Motiven zu § 4 bemerkt:

„Es müssen mithin Gründe vorhanden sein, welche schließen lassen, „daß die Unterstützungsbedürftigkeit längere Zeit hindurch dauern „werde. Eine solche voraussichtlich länger dauernde Unterstützungs-„bedürftigkeit kann in einer (nicht blos vorübergehenden) Arbeits-

„unfähigkeit, sie kann aber auch in andern Verhältnissen „ihren Grund haben."

Hier berücksichtigt der Entwurf und seine Motive keineswegs genügend die Grundsätze des Preußischen Gesetzes, insbesondere nicht die bisherigen Grundsätze, welche das Ministerium des Innern stets im Interesse der Freizügigkeit aufs Nachdrücklichste verfolgt hat. (Vergl. Ministerialrescript vom 25. Februar 1860 (Min.-Bl. f. i. V. S. 70), vom 11. Januar 1861 (Min.-Bl. S. 47), und 4. Januar 1862 (Min.-Bl. S. 26).

Danach erkennt das Ministerium des Innern ausdrücklich an, daß der, nach dem Wortlaut des Preußischen Gesetzes (§ 5 des Gesetzes über die Aufnahme neu einziehender Personen vom 31. December 1842 und 2. Alinea des Art. 1 des Ergänzungsgesetzes vom 21. Mai 1855) Behufs Wiederausweisung eines neu Angezogenen nachzuweisende „Zustand der Verarmung, welcher den Eintritt der öffentlichen Armenpflege nothwendig macht", nur und ausschließlich in einem eventualiter durch ärztliches Gutachten zu constatirenden Mangel an den erforderlichen Arbeitskräften, welcher es dem Unterstützten unmöglich macht, für sich und seine Angehörigen den nöthigen Lebensunterhalt selbst zu erwerben, niemals aber in „andern" Verhältnissen bestehen darf. Die Unterstützungsbedürftigkeit im Sinne der öffentlichen Armenpflege, d. h. der thatsächliche Mangel an dem zum Leben Unentbehrlichsten, ist überhaupt niemals etwas „Dauerndes", sondern sie kann sich, nachdem ihr heute durch Gewährung der Unterstützungen abgeholfen, nachdem sie also heute beseitigt ist, morgen, übermorgen u. s. w. u. s. w., vielleicht aber auch erst nach 14 Tagen, nach 6 Wochen, nach einem halben Jahre wiederholen.

Dazwischen aber dauert die Unterstützungsbedürftigkeit im Sinne des Armengesetzes eben nicht fort, vielmehr muß sie jedesmal durch die gewährte Unterstützung im Sinne des Armengesetzes als beseitigt angenommen werden. Nur die Ursache der Unterstützungsbedürftigkeit kann, wenn sich die letztere wiederholt, eine fortdauernde sein. Sie kann zunächst in einem vorhandenen Mangel der körperlichen Kräfte zur Erwerbung des Unterhalts für sich und die Seinigen bestehen, sie kann aber unzählige andere Ursachen haben.

Eine Familie kann, wenn ihr Versorger sie heimlich verläßt, dadurch wiederholt im Sinne des Armengesetzes unterstützungsbedürftig werden, ohne daß die Ursache dieser wiederholten Unterstützungen auch nur entfernt in einem Mangel an Arbeitskräften ihres Versorgers liegt.

Ebenso kann der Vater eine längere Strafhaft verbüßen, es kann dadurch wiederholt die Familie unterstützungsbedürftig werden, ohne daß hierin ein Mangel an Arbeitskräften des eingesperrten Familienhauptes zu erblicken wäre.

Der Vater kann sich auch durch moralische Verkommenheit, Trunksucht, Liederlichkeit seinen Verpflichtungen entziehen, und für sich und seine Kinder dadurch wiederholt unterstützungsbedürftig werden.

Niemals aber wird man in solchen Fällen von einer „dauernden Unterstützungsbedürftigkeit", sondern nur von einer dauernden Ursache der letzteren reden können.

Der qualitative Charakter, der an und für sich in dem Wort Unterstützungsbedürftigkeit liegt, fällt für die öffentliche Armenpflege völlig fort, weil diese eine solche Bedürftigkeit eben nur im Augenblick der äußersten Noth, des äußersten Mangels als solche anerkennen darf. Im gewöhnlichen Leben giebt es eine unendliche Menge von Personen, deren Bedürftigkeit Jedermann anzuerkennen geneigt ist, die aber, vom Standpunkt der öffentlichen Armenpflege aus, einer Unterstützung aus öffentlichen Mitteln noch lange als bedürftig nicht erachtet werden dürfen. Wie unendlich wichtig gerade hier eine richtige Terminologie ist und wie gefährlich gerade im Interesse der öffentlichen Sittlichkeit auf der einen Seite, wie auf der andern Seite im Interesse einer überall eingreifenden Armenpflege im Falle der Noth jedes Mißverständniß über diese Punkte ist, darüber verweisen wir auf die Schrift des Verfassers: „Ueber Armenrecht und Armenpolizei" Capitel 2, 3 und insbesondere noch Seite 112 daselbst.

Das Preußische Ministerium hat nun bisher anerkannt und die Entstehung des Armengesetzes steht dem völlig zur Seite, daß das einzig zulässige Kriterium für die, nach dem Anzuge eines Einwohners, wegen des eingetretenen Zustandes der Verarmung der Gemeinde gestattete Wiederausweisungsbefugniß allein und ausschließlich in einem Mangel an Arbeitskräften des Angezogenen bestehen soll, welcher es ihm vom ärztlichen Standpunkt aus dauernd unmöglich macht, durch seiner Hände Arbeit für sich und die Seinigen den nöthigen Unterhalt zu erwerben.

Alle andern denkbaren Gründe, welche einen einzelnen Mann oder einen Familienvater für sich und die Seinigen in thatsächliche äußerste Noth stürzen, können zwar dahin führen, ihn respective die Seinigen augenblicklich oder wiederholt unterstützungsbedürftig erscheinen zu lassen, diese dauernde Unterstützungsbedürftigkeit aber kennt weder das Preußische Ministerium des Innern noch das Preußische Armengesetz. Wir bekennen, daß sich unsere bisherigen Deductionen mehr gegen die Motive als gegen den Wortlaut des Gesetzentwurfs richten, da aber in der Praxis über diesen

Punkt, wie die Erfahrung beweist und wie die Natur der Sache mit sich bringt, gerade die lebhaftesten Differenzen zu entstehen pflegen und hierbei leicht auf die Motive des Entwurfs zurückgegangen werden möchte, erschien uns diese Erinnerung unerläßlich.

Aber auch der Ausdruck des Gesetzes selbst, welches der Gemeinde den Nachweis auferlegt, daß die Unterstützung nicht blos wegen einer vorübergehenden Arbeitsunfähigkeit nothwendig geworden ist, befriedigt uns, wie wir bekennen müssen, nicht. Eine nicht vorübergehende Arbeitsunfähigkeit kann ja eben auch streng genommen in einer moralischen Verkommenheit ihren Grund haben und hierüber, sowie über die daraus sich ergebenden Befürchtungen für das ökonomische Interesse der Gemeinde die Localbehörde befinden zu lassen, um die Wiederausweisung des Angezogenen und seiner Familie davon abhängig zu machen, erscheint höchst bedenklich.

Aber auch die Aufsichtsbehörde in den einzelnen Bundesstaaten, für welche die von dem Preußischen Ministerium des Innern den Preußischen Polizei-Behörden ertheilten Anweisungen ja nicht maßgebend sind, würde dieser Ausdruck mit dem ungünstigen Ausdruck der Motive leicht in Verlegenheit darüber versetzen, wo hiernach die richtige Grenze für die Wiederausweisungsbefugniß im Interesse der Localgemeinden zu finden sei.

Wir würden daher es jedenfalls vorziehen, dem § 4 die in unserem Entwurf (Anlage A) § 1 sub 1 und ebenso in dem Entwurf (Anlage B) § 4 gewählte Fassung zu geben, wonach, erforderlichenfalls durch ärztliche Bescheinigung ein Mangel an den erforderlichen Arbeitskräften nachzuweisen ist, welcher es dem Unterstützten dauernd unmöglich macht, für sich und die Seinigen den nöthigen Unterhalt zu erwerben. Wir halten gerade diesen Hinweis auf die ärztliche Bescheinigung hier von besonderer Erheblichkeit, weil gerade dadurch recht deutlich wird, was der Gesetzgeber für einen Mangel an Arbeitskräften meint, daß es eben nur die körperlichen Arbeitskräfte sind, welche hier in Anschlag kommen und nicht die moralischen. Andererseits ist gerade aber auch das ärztliche Gutachten die einzige Instanz, von deren gewissenhafter Entscheidung die Frage beantwortet werden kann, ob, d. h. also auch von welchem Zeitpunkte ab ein solcher Mangel an Arbeitskräften anzunehmen ist, welcher es dem Unterstützten dauernd unmöglich machen wird, für sich und die Seinigen durch eigene Händearbeit zu sorgen, und ob also mit Gewißheit aus diesem Grunde eine wiederholte Unterstützungs-Bedürftigkeit des Angezogenen und seiner Familie zu erwarten steht.

Wird dies nicht unwiderruflich deutlich im Gesetz ausgesprochen, so liegt ja eben die Gefahr sehr nahe, daß die Behörden leicht aus einer wiederholten Unterstützungs-Bedürftigkeit ex contrario den Rückschluß machen würden, der Eintritt wiederholter Unterstützungsfälle sei auch ohne jeden Nachweis eines solchen Mangels an Arbeitskräften zur Wiederausweisung genügend, oder es liege in dieser wiederholten Unterstützungs-Bedürftigkeit schon an und für sich der Beweis für den Mangel an den erforderlichen Arbeitskräften des neu Angezogenen. Welchem Streben der Gemeinde-Behörden und welchen mißverständlichen Auffassungen man hierbei zu begegnen hat, darüber verweisen wir wiederholt auf Capitel 3 der Schrift: „Armenrecht und Armenpolizei," Leipzig bei Franz Wagner 1866.

Doch selbst die stricteste unsern Vorschlägen entsprechende Wortfassung des § 4 in Betreff des Ausweisungsgrundes würde, wie wir sogleich sehen werden, leider nicht genügen, um diesen § im Bundesgesetz über die Freizügigkeit stehen zu lassen.

3. Die Einschränkung der Ausweisungsgründe im § 3 und 4 des Gesetzentwurfs deckt nämlich die dabei wirklich interessirte Bevölkerung nur nach einer Richtung hin. Diese §§ 3 und 4 bleiben zunächst ohne Interesse für den allerdings geringen Bruchtheil der Bevölkerung, den wir oben, bei der Besprechung des § 1, zu der beglückten Minderheit zählten. Denn diese Minderheit ist ja vor der Möglichkeit der Verarmung selbst gedeckt. Sehen wir uns nun aber gerade bei § 3 und 4 die Lage derjenigen Bevölkerungsklassen etwas näher an, die bei heute noch vorhandener Arbeitskraft, oder bei einem sie heute noch nährenden Gewerbebetrieb, morgen durch einen Zufall ihre Kräfte einbüßen können, um für sich und ihre Familien den nöthigen Unterhalt zu erwerben. Auch für sie hängt, wie wir aus § 1 gesehen haben, die goldene Frucht der Freizügigkeit zunächst an dem so leicht zerreißbaren Faden der nachweisbaren Staatsangehörigkeit zu einem der Norddeutschen Bundesstaaten und sie verschwindet im Augenblick, wo der völlig Arbeitsfähige durch die von ihm nicht verschuldete Ungunst der Particular-Gesetzgebung über die Staatsangehörigkeit genöthigt wird, sich von seiner Regierung einen Uebernahmeschein, statt eines Heimathscheins auszubitten, oder wo nach der Particular-Gesetzgebung seine frühere, selbst durch Heimathschein bezeugte subjective Unterthanenschaft erloschen ist. Doch diese 86 pct. der Bevölkerung trifft noch ein anderer Nachtheil, denn für sie läßt ja der § 4 des Bundes-Gesetzentwurfs den ganzen Wirrwarr der particular-rechtlichen Schub- oder Heimathsberechtigung fortbestehen. Gerade die Härten, die also in diesen oft barbarischen Rücksichtslosigkeiten der Gesetzgebung liegen —, wir erinnern daran, daß z. B. bis auf diesen Augenblick in Hannover ein Dienstbote 20 Jahr lang, in Holstein Jedermann 15 Jahr lang an einem und dem-

selben Orte hintereinander sich aufgehalten haben muß, um nicht besorgen zu müssen, im Fall seiner Verarmung rücksichtlos ausgewiesen und an seinen ihm längst fremden Geburts- oder früheren Heimathsort zurückgeschleudert zu werden — diese Härten bestehen auch in den meisten übrigen ehemaligen deutschen Bundesstaaten nach jener beliebten Theorie des deutschen Heimaths-, oder wie es in der Schrift: „Was bedeutet das deutsche Heimathwesen?" charakterisirt ist, des deutschen Hinauswerfungsrechts noch heutigen Tages fort.

Die bloße Einschränkung des Ausweisungsgrundes auf den Fall des Mangels an den erforderlichen Arbeitskräften genügt hier also, um einen erträglichen Zustand zu schaffen, noch lange nicht, denn für diese Klassen ist ein gesicherter Aufenthalt am Orte auch unbedingt von der Frage abhängig, wie lange denn der Aufenthalt am Orte gedauert haben muß, um in dem möglichen Verarmungsfalle nicht mehr ausgewiesen werden zu können. Deshalb hat auch das Preußische Gesetz, neben der besonderen Armen-Gesetzgebung, in dem Gesetz über die Aufnahme neu anziehender Personen ausdrücklich die Wiederausweisungs-Befugniß der Gemeinde für den Fall des nach dem Anzuge erkennbar gewordenen Mangels an den erforderlichen Arbeitskräften nur auf das erste Wohnungsjahr beschränkt. Wenn also, was die Dauer dieser Wiederausweisungs-Befugniß der Gemeinde und der darin für die Staatsangehörigen eines anandern Bundesstaats implicite liegenden Ausweisungs-Befugniß der Staaten unter einander betrifft, nach § 4 des Entwurfs dieselbe davon abhängig sein soll, ob nach den einzelnen Particular-Gesetzgebungen die intercommunale Fürsorgepflicht für den Auszuweisenden begründet wäre, so würde eine derartige Ungleichheit von wesentlichem Einfluß schon auf die Wirkungen des Gesetzes im Allgemeinen und auf seine Verständlichkeit für Bevölkerung und Behörden sein. Fehlt es also an den Vorbereitungen dazu, diese Ungleichheiten zu beseitigen, so liegt gerade hierin der Beweis dafür, daß mit Annahme dieses Gesetzes selbst für die binnenländische Freizügigkeit auch die Bevölkerung selbst, nach wie vor, im ganzen Bundesgebiet dem schmählichen engherzigen Hinauswerfungsrecht der Gemeinden unterworfen bleiben würde. Jeder örtliche Aufenthaltswechsel würde für sie von Neuem die Gefahr involviren, ohne vorgängige förmliche Aufnahme in den Gemeinde-Verband an jedem neuen Aufenthaltsort wieder von Neuem jene barbarische Ausweisungsfrist der Gemeinde beginnen zu sehen.

4. Eine sofortige Abhülfe hiergegen würde aber bei Annahme des Bundes-Gesetzentwurfs noch aus einem anderen, ebenso schlagenden Grunde

zur Nothwendigkeit werden. In dem §. 4 des Bundes-Gesetzentwurfs werden die Ausdrücke „Unterstützungswohnsitz, Heimathsrecht" mit einer scheinbaren Selbstverständlichkeit als völlig gleichbedeutend neben einander gestellt. Wir können dies nur aufrichtig beklagen und müssen gestehen, daß uns dies um so auffallender erscheint, als der Gesetzentwurf seinen Ursprung dem Preußischen Ministerium des Innern verdankt, dessen bisherige Grundsätze (vergl. Minist.-Rescr. v. 28. August 1845. M.-B. S. 255, vom 12. December 1845. M.-Bl. de 1846 S. 5, und vom 16. November 1846. M.-Bl. de 1847 S. 6 u. s. w. u. s. w.) dadurch verlassen werden würden. Es ist in der Schrift: „Was bedeutet das deutsche Heimathwesen?" wie wir glauben, überzeugend nachgewiesen worden, daß die nach dem Preußischen Armengesetz entstehende intercommunale Verpflichtung zur Fürsorge das directe Gegentheil von dem mit dem Eintritt in den Gemeinde-Verband verbundenen und an dessen Bedingungen geknüpften Heimathsrecht bildet. Die praktische Wirkung dieses Unterschiedes tritt nirgends klarer und deutlicher hervor, als gerade für die gegenwärtige Gesetzesvorlage. Gerade weil nach der Preußischen Armeegesetzgebung niemals und unter keinen Umständen das Entstehen der Armen-Fürsorge-Verpflichtung das Individuum in irgend eine rechtliche Beziehung zu einer bestimmten Gemeinde bringt, ist der Ausdruck der subjectiven Erwerbung eines Unterstützungs-Wohnsitzes für die Preußische Gesetzgebung vom 31. December 1842 so grundfalsch und mißbräuchlich. Die practischen Folgen liegen auf der Hand. Gerade das Eigenthümliche jener Heimaths-Berechtigung in den übrigen Staaten beruht eben darauf, daß das Heimathsrecht nur als ein corporatives Rechtsverhältniß zwischen dem Individuum und der Gemeinde aufgefaßt und nur durch Geburt und einen besonderen Verleihungsact der Gemeinde, oder aber im günstigsten Fall nur durch einen sehr langen thatsächlich fortgesetzten Aufenthalt erworben werden kann, ferner aber, daß die erste Voraussetzung desselben für den Ausländer die Gewinnung der inländischen Staatsangehörigkeit ist. Das Preußische Gesetz dagegen macht, weil es die Wirkungen des fortgesetzten Aufenthalts resp. Wohnsitzes in Bezug auf die öffentliche Armenpflege als ein intercommunales Rechtsverhältniß zwischen verschiedenen Gemeinden auffaßt, in dieser Beziehung auch gar keinen Unterschied zwischen Inländern und Ausländern. Es würde, wie das Plenum des Königl. Ober-Tribunals (Entsch. Bd. 39 S. 1 seq.) in völliger Uebereinstimmung mit den oben citirten Ministerial-Erlassen sich ausspricht, „keinen Sinn haben", die Gemeinde, wenn sie den ihr gemeldeten Wohnsitz oder dreijährigen Aufenthalt eines Ausländers geschehen läßt, dennoch im Verhältniß zu andern Gemeinden des Preußischen Staats von der Uebernahme dieser Verpflichtung selbst für einen Ausländer zu entbinden.

Gerade das Gegentheil findet in den Staaten statt, welche sich des sogenannten Heimathsrechts für ihre Gemeinden erfreuen. Hier kann der Ausländer als solcher nie ein solches Heimathsrecht erwerben, d. h. es kann für ihn nie die angeblich darin liegende subjectiv persönliche Berechtigung auf Armenpflege und die andererseits darin liegende entsprechende Verpflichtung zur Armenpflege auf Seiten der Ortsgemeinde entstehen. Da nun das Freizügigkeits-Gesetz sich blos einseitig mit der Wahl des Aufenthalts und wie es dies zum Ueberfluß im §. 10 noch ausdrücklich betont, nicht mit den Wirkungen desselben für ganz andere Rechtsverhältnisse zu beschäftigen hat, und da andererseits auch das gemeinsame Indigenat nach Art. 3 der Bundes-Verfassung gerade dieses Heimathsrecht, d. h. den Eintritt in den Gemeinde-Verband und das Recht der Armenversorgung, von den Wirkungen des Indigenats „unberührt" bestehen läßt, so würde dadurch auch, nach wie vor, selbst für die Angehörigen der Bundesstaaten, die Unmöglichkeit liegen, für sich in einem andern Bundesstaat, ohne Aufgeben ihrer bisherigen Staatsangehörigkeit, durch fortgesetzten Aufenthalt dieses Recht entstehen zu sehen; während für Preußen jene nach seiner Armen-Gesetzgebung ohnehin selbstverständlichen Wirkungen des Wohnsitzes resp. Aufenthalts noch ganz besonders durch den Schlußsatz des §. 10 des vorliegenden Bundes-Gesetzentwurfs conservirt sind. Es liegt also in der Bezugnahme des §. 4 des Bundesgesetzes auf das Entstehen dieses Heimathsrechtes, um davon die Dauer der Ausweisungs-Befugniß abhängig zu machen, für alle Fälle, wo ein Staatsangehöriger eines anderen Bundesstaats sich auf Grund dieses Bundesgesetzes an einem Orte aufhält, noch heutigen Tages, die Befugniß der Localgemeinde des Aufenthaltsorts, ihn zwar nur **auf Grund** eingetretenen Mangels an Arbeitskräften, dagegen aber auch in einem solchen Falle **in perpetuum** auszuweisen. Es ist diese Bestimmung also gerade in ihrer Bedeutung als Bundesgesetz für die Bevölkerung werthlos von der anderen Seite aber auch läßt sie diese Härten der Gesetzgebung für die Bevölkerung innerhalb der einzelnen Staaten durch Sanctionirung jenes Heimaths-, Schub- oder Hinauswerfungsrechts der Gemeinden fortbestehen.

Wir bitten immer und immer wieder, es sich klar zu machen, was das deutsche Heimathswesen bedeutet und nur, wenn man hiermit von Bundeswegen wirklich aufzuräumen entschlossen ist, wird man der Bevölkerung einen Nutzen gewähren.

5. Und nun betrachten wir die Wirkungen der §§ 3 und 4 für die Staaten selbst. Während also z. B. in Meiningen, Mecklenburg, Hamburg nach § 10 des Bundes-Gesetzentwurfs der Preuße überhaupt von der Erwerbung des Heimathsrechts ausgeschlossen sein und daher im Falle eintretenden Mangels an Arbeitskräften trotz des § 4 in perpetuum ausgewiesen werden könnte, würde jeder Meininger, Mecklenburger, Hamburger schon mit dem nach einjährigem Wohnsitz oder dreijährigem Aufenthalt in einer Preußischen Gemeinde entstehenden fälschlich sogenannten Unterstützungswohnsitz, d. h. der intercommunalen Fürsorge-Verpflichtung der Gemeinde im Verhältniß zu andern Preußischen Gemeinden, gleichzeitig den Schutz vor der Rückweisung nach den Vorschriften der Gothaer Convention finden.

Selbst wenn also die Dauer der gegenseitigen Ausweisungsbefugniß der Staaten unter einander nur von einer nach verschiedenen Particular-Gesetzgebungen bestehenden kürzeren oder längeren Frist abhängen würde, so würde nach einem einfachen Rechenexempel derjenige Staat, nach dessen Particular-Gesetzgebung diese Fürsorge-Verpflichtung der einzelnen Gemeinde am schnellsten oder leichtesten begründet wird, sich offenbar in der Gefahr befinden, schließlich die gesammte arbeits- und erwerbsunfähige Bevölkerung bei sich auf- und den andern Staaten abzunehmen. Jedermann, der diesen Krieg jemals mitgekämpft hat oder mit demselben sonst zu thun hatte, weiß, daß das, was wir hier ausgesprochen, keine Redensart, sondern die reellste Wirklichkeit ist.

Wie sich nun aber dies internationale Rechenexempel für Preußen und die übrigen Bundesstaaten gestalten muß, wenn in Preußen auch in Betreff jedes Sachsen, Mecklenburgers, Hamburgers jene intercommunale Fürsorge-Verpflichtung nach 1 oder 3 Jahren, in Sachsen, Mecklenburg, Hamburg aber für einen Preußen jenes sogenannte Heimathsrecht gar nicht entstehen kann, das wird keiner weitern Ausführung bedürfen. Das glückliche Einverständniß der im Bundesrath vertretenen übrigen Bundesstaaten zu dem vorliegenden Bundes-Gesetzentwurf erscheint uns, wie wir bekennen müssen (freilich nur von ihrem Standpunkte aus), sehr motivirt und erklärbar. Welchen Vortheil aber sich Preußen gerade im Interesse seiner Bevölkerung davon versprechen soll, und was sich die Verfasser der verschiedenen begeisterten Stimmen in unserer Presse für eine Vorstellung von der Wirkung eines solchen Gesetzes für 23 Millionen Preußen im Bunde gemacht haben, bleibt hiernach, wie man zugeben wird, unverständlich.

6. Wir haben deshalb in unserem Gesetzentwurf (Anlage A), um

wenigstens für die dort unberücksichtigte internationale Hinausweisungsbefugniß der einzelnen Staaten eine bestimmte Norm für die Zeitdauer derselben zu haben, nach Analogie des § 2 der Gothaer Convention eine fünfjährige Periode angenommen. Für den Fall aber, daß die Bundes-Gesetzgebung sich wirklich auch auf die beabsichtigte binnenländische Legislatur über die Freizügigkeit nach dem vorliegenden Bundes-Gesetzentwurf erstrecken sollte, halten wir, wenn das Gesetz für die dabei interessirte Bevölkerung eine Bedeutung haben und für Preußen nicht geradezu verderblich werden soll, es für unerläßlich, dann auch in gleicher Art, wie in Preußen, die Hinausweisungsbefugniß der Localgemeinde auf die einjährige Dauer zu beschränken, und danach den § 4 des Bundesgesetz-Entwurfs vollständig nach §§ 3 und 4 unseres Gesetzentwurfs (Anlage B) zu amendiren.

§ 5.

Ist in den Fällen, wo die Aufnahme oder die Fortsetzung des Aufenthalts versagt werden darf, die Pflicht zur Uebernahme der Fürsorge zwischen den verschiedenen Gemeinden eines und desselben Bundesstaats streitig, so erfolgt die Entscheidung nach den Landesgesetzen.

Die thatsächliche Ausweisung aus einem Orte darf niemals erfolgen, bevor nicht entweder die Annahme-Erklärung der in Anspruch genommenen Gemeinde oder eine, wenigstens einstweilen vollstreckbare Entscheidung über die Fürsorgepflicht erfolgt ist.

Auch dieser § läßt also in formeller Beziehung die große Verschiedenheit bestehen, welche über das gegenseitige Streitverfahren der Communen unter einander stattfindet. An und für sich gehört eine solche Bestimmung aber nicht in das Gesetz über die Freizügigkeit, über die Wahl des Aufenthalts, sondern recht eigentlich in das Heimaths- und das Armengesetz, welches eben von den gegenseitigen Beziehungen der streitenden Gemeinden über ihre nach diesen Gesetzen zu beurtheilende Schubberechtigung zu befinden hat, doch wäre an und für sich gegen die Fassung des § nichts Wesentliches zu erinnern.

§ 6.

Sind in den, in §. 5 bezeichneten Fällen verschiedene Bundesstaaten betheiligt, so regelt sich das Verfahren nach dem Vertrage wegen gegenseitiger Verpflichtung zur Uebernahme der Auszuweisenden, d. d. Gotha den 15. Juli 1851, sowie nach den späteren, zur Ausführung dieses Vertrags getroffenen Verabredungen.

Bis zur Uebernahme Seitens des verpflichteten Staats ist der Aufenthaltsstaat zur Fürsorge für den Auszuweisenden am Aufenthaltsorte nach den für die öffentliche Armenpflege in seinem Gebiete gesetzlich bestehenden Grundsätzen verpflichtet. Ein Anspruch auf Ersatz der für diesen Zweck verwendeten Kosten findet gegen Staats-, Gemeinde- oder andere öffentliche Kassen desjenigen Staats, welchem der Hülfsbedürftige angehört, sofern nicht anderweitige Verabredungen bestehen, nur insoweit statt, als die Fürsorge für den Auszuweisenden länger als drei Monate gedauert hat.

1. Die Voraussetzung, daß verschiedene Bundesstaaten „in den, in § 5 bezeichneten Fällen betheiligt“ seien, widerspricht zunächst dem § 3 und 4, wonach wegen der hiernach streitigen Ausweisungsfälle ja eben nur die einzelnen Gemeinden als betheiligt angesehen werden.

2. Abgesehen hiervon enthält der § aber noch eine andere Irregularität, die wir mit der Bundes-Verfassung nicht vereinigen können. Es ist dies die einzige Stelle, an welcher im ganzen Gesetz und den Motiven der so wichtigen Gothaer-Konvention gedacht wird, und zwar lag hier die dringendste Nothwendigkeit dazu vor, wenn man nicht in ein förmliches Chaos gerathen wollte. Hätte man nämlich hier nicht die Gemeinden an die Vermittelung der Regierungen gewiesen, sondern dieselben ebenso, wie man sie in den §§ 3 und 4 bei der Ausweisung anderer Staatsangehörigen als materiell allein interessirt sich gedacht hat, nun auch ihre gegenseitigen Interessen bei der formellen Aus- und Rückweisung von Personen über die Landesgrenze hinaus unter einander abmachen lassen, so wäre dies völlig unausführbar gewesen. Nehmen wir an, der Preußische Buchdrucker X wollte mit seiner Familie in Leipzig seinen Aufenthalt nehmen, legitimirte sich auch als Bundes-Angehöriger durch einen Preußischen Heimathschein, so würde die Gemeinde Leipzig nach § 3 des Bundes-Gesetzentwurfs bei vorhandener Arbeitsfähigkeit dem Anzuge des X keine Hindernisse in den Weg legen können; der X stirbt, nachdem er sich ein halbes Jahr in Leipzig aufgehalten hat, und es würde für seine Wittwe und seine 3 Kinder die öffentliche Armenpflege nothwendig,

so entsteht unmittelbar die Frage, gegen wen und in welchem Wege die Gemeinde Leipzig den Anspruch auf Abnahme der von ihr selbstverständlich einstweilen zu gewährenden Verpflegung zu verfolgen hätte.

Da nach den ausdrücklichen Bestimmungen des Art. 3 der Bundes-Verfassung von den Wirkungen des Indigenats und nach § 10 des vorliegenden Bundes-Gesetzentwurfs von den Wirkungen des Aufenthalts sowohl der Eintritt in den Gemeindeverband, als die Armenversorgung ausgeschlossen sind, so würde also ohne Dazwischentreten der beiderseitigen Regierungen von Sachsen und Preußen die Gemeinde Leipzig genöthigt sein, sich unmittelbar an diejenige Localgemeinde in Preußen zu halten, welche nach den Bestimmungen des bisherigen Preußischen Armengesetzes hierzu verpflichtet wäre.

Es würde danach also die Gemeinde Leipzig, um die Familie des Buchdruckers X, welche nach dem fortbestehenden Sächsischen Heimaths-Gesetze vom 26. November 1834 dort also keine Heimathsberechtigung erworben hat, los zu werden, genöthigt sein, genau die Preußische Gesetzgebung zu studiren, um zu wissen, an welche Preußische Gemeinde sie sich zu halten hat. Da aber in Preußen selbst in seinem gegenwärtigen Bestande für seine alten und seine neuerworbenen Provinzen hierbei nicht eine, sondern 9 verschiedene Gesetzgebungen zur Anwendung kommen, so würde die Gemeinde Leipzig selbstverständlich auch genöthigt sein, diese 9 verschiedenen Gesetzgebungen durchzustudiren, nur um zu wissen, an welche Preußische Gemeinde sie sich zu wenden hat. Es könnte aber auch der Fall sein, daß außer dem Preußen X vielleicht der Mecklenburger Y und der Oldenburger Z in Leipzig oder in irgend welchem andern Ort seinen Aufenthalt genommen hätte, und so würde dann für die tägliche Praxis der einzelnen Gemeindebehörden das Studium sämmtlicher deutschen Armen- oder sogenannten Heimathgesetzgebungen erforderlich sein, um je nach dem vorkommenden Fall beurtheilen zu können, gegen welche Gemeinde im Norddeutschen Bundesgebiet sie sich wegen Abnahme der Fürsorge zu wenden hätte.

Es dürfte zuzugeben sein, daß hierdurch ein förmliches Diluvium geschaffen werden würde, wenn man erwägt, mit welcher Mühe es schon verbunden ist, sich selbst in den eigenen Territorial-Gesetzgebungen auf diesem Gebiete zurecht zu finden. Nun freilich wohl bestimmt der § 6 des Bundes-Gesetzes in solchem Falle, daß während nach § 3 bei der Ankunft des X in Leipzig die Gemeinde Leipzig gleichzeitig das ökonomische Staatsinteresse zu wahren hat, wenigstens bei der Wiederausweisung des X und seiner Familie nach Preußen die Sächsische Regierung das Communal-Interesse der Stadt Leipzig zu wahren hat und daß sie sich unter den Formen des Gothaer Vertrages wegen der Rücknahme des X mit der Preuß. Regierung zu benehmen habe. Es bleibt dies allerdings auch wohl der einzige denkbare Ausweg, wennschon er mit der dem § 3 und 4 zu Grunde liegenden rechtlichen Grundanschauung offenbar disharmonirt. Inzwischen scheint auch hierbei nicht berücksichtigt zu sein, daß selbst nach dem Gothaer Vertrage für die dort im § 8 sub a und b enthaltenen Ausnahmefälle (wenn sich der X im Besitz eines Passes ꝛc. befunden hätte, den er sich ja zu seiner Legitimation in Preußen vor seinem Abgange hätte geben lassen können) die Local-Polizeibehörde von Leipzig ohne Weiteres befugt wäre, die Ausweisung vorzunehmen, wodurch dann der Preußischen Regierung jede Möglichkeit entzogen würde, ihrerseits das gegenüberstehende Interesse der Preußischen Gemeinde und des auszuweisenden Unterthanen selbst wahrzunehmen und zu prüfen, ob denn nach § 3 des Bundesgesetzes ein legaler Ausweisungsgrund vorgelegen und ob nicht nach § 4 gegen die Gemeinde Leipzig selbst das Heimathrecht etwa entstanden wäre.

3. Möchte man nun aber auch annehmen, daß wenigstens in Bezug auf die mögliche Entstehung eines Heimathsrechts des X in Leipzig die Preußische Regierung sehr ruhig sein kann, weil hiervon ja für ihren Preußischen Unterthan und seine Familie in Leipzig ohne Aufgeben seiner Preußischen Nationalität nun und nimmermehr die Rede sein kann, so würde der Fall doch schon etwas schwieriger liegen, wenn die Sächsische Regierung einen Sächsischen Unterthan, den eine Preußische Gemeinde Merseburg, Magdeburg oder Berlin ausweisen wollte, auf eingetretene Vermittelung der Preußischen Regierung wieder zurücknehmen sollte. Hier würde die Sächsische Regierung allerdings mit vollem Recht zunächst sich darnach zu erkundigen haben, ob — auch neben dem zu fordernden Nachweise eines legalen Ausweisungsgrundes nach § 3. und 4. des Bundesgesetzes — nicht etwa für die Preußische Gemeinde eine Fürsorge-Verpflichtung, ein Unterstützungswohnsitz nach dem Preußischen Armengesetz entstanden wäre, durch dessen Existenz dann von selbst die Wiederausweisungs-Befugniß der Preußischen Gemeinde und die Rücknahme-Verpflichtung der Sächsischen Regierung nach § 4. erloschen sein würde. Nun wissen wir aber, daß bekanntlich über diese oft recht streitige Verpflichtung der Preußischen Gemeinden nur auf Antrag eines Preußischen Armenverbandes durch resolutorische Entscheidung der Landespolizeibehörde mit Zulassung des Rechtsweges durch alle 3 Instanzen hindurch entschieden werden kann. Wie soll nun diese, wie gesagt, nicht

ganz selten streitige Frage, ob auf die Gemeinde Merseburg oder sonst auf eine Preußische Gemeinde die Fürsorge=Verpflichtung in Betreff des zurückzunehmenden Sächsischen Unterthanen bereits übergegangen, zwischen der Sächsischen und Preußischen Regierung zum Austrage gebracht werden und wer soll hierüber im Streitfall entscheiden? — Der § 6 des Bundesgesetzes sagt uns, der Streit soll nach dem Verfahren der Gothaer Convention entschieden werden, das wäre also nach § 12 derselben durch jede beliebige andere bei dem streitigen Specialfall nicht interessirte Regierung der contrahirenden Staaten. Es könnte also auch nach dem Wortlaut des § 6 des vorliegenden Bundesgesetzes die Regierung von Baiern, Würtemberg oder Baden zum Schiedsrichter darüber gewählt werden: ob nach dem Gesetz über die Freizügigkeit im Norddeutschen Bunde, also ganz neben der Gothaer Convention, eine Verpflichtung der Sächsischen Regierung zur Rücknahme ihres frühern Unterthanen aus Preußen besteht oder nicht. Wieweit eine solche schiedsrichterliche Instanz über bundesgesetzliche Verpflichtungen der Bundes=Regierungen unter einander nun neben dem Art. 76 der Bundes=Verfassung, wonach in solchen Fällen der Bundesrath zu entscheiden haben würde, noch denkbar sein soll, dürfte wenigstens ad referendum zu nehmen sein.

4. Nehmen wir aber auch an, die Sächsische Regierung hätte bei der Provocation auf schiedsrichterliche Entscheidung sich genau in den Grenzen wenigstens der Bundes=Etiquette gehalten, und nicht eine der Süddeutschen Regierungen, sondern z. B. die Regierung des Fürstenthums Reuß ältere Linie zur Schiedsrichterin gewählt und die Bundeslegislatur erklärte sich damit einverstanden, den § 6 des vorliegenden Bundes=Gesetzentwurfs als unbeeinflußt von dem Art. 76 der Bundes=Verfassung zu genehmigen und von der Competenz des Bundesraths in solchen Fällen abzusehen — in welcher Lage würde sich dann die Fürstliche Regierung befinden, wenn sie auf einmal plötzlich dazu genöthigt würde, die Preußische Armengesetzgebung mit allen Controversen im Detail zu studiren, um darüber entscheiden zu können, ob Sachsen berechtigt sei, wegen des in Merseburg oder sonst in Preußen angeblich entstandenen „Unterstützungswohnsitzes" die Rücknahme seines Unterthanen zu verweigern. Wir wollen über die möglichen Specialiäten, die hierbei vorkommen können, einen Schleier ziehen. Nur als eine kleine Probe dessen, was wir unter diesem Schleier bedecken, sei Folgendes erwähnt:

Es könnte ja sein, die Sächsische Regierung oder unter ihrer Aegide die Sächsische Gemeinde, welcher im Rücknahmefall die Last der Armenpflege für den aus Merseburg Auszuweisenden zufallen würde, hätte Etwas von der amtlichen Sammlung der Entscheidungen des Preußischen Ober-Tribunals gehört, und beriefe sich nun auf den im Band 39 derselben abgedruckten, von uns bereits angeführten Plenarbeschluß vom 1. November 1858, worin amtlich und öffentlich ausgesprochen ist, daß „es keinen Sinn haben würde“, die Gemeinde Merseburg wegen der Eigenschaft des Sächsischen Unterthanen als Sachsen und Nicht-Preußen von der durch seinen Wohnsitz begründeten Fürsorgepflicht (Unterstützungswohnsitz) zu entbinden. Andererseits beriefe sich dagegen die Commune Merseburg, vertreten durch die Preußische Regierung, darauf, daß — trotz dieses der gegenseitigen Auffassung vom Plenum ertheilten, nicht gerade sehr anerkennenden Prädicats — doch der Erste Senat desselben hohen Gerichtshofes es ist, der pötzlich seit dem 3. Febr. 1864 Strth. Arch. Bd. 53, S. 93 in einer Reihe von Erkenntnissen den Grundsatz forcirt, „die Preußen-Eigenschaft“ sei das unerläßliche Erforderniß der Entstehung einer solchen Fürsorgepflicht (Unterstützungswohnsitzes) für die Preußischen Gemeinden. Ja — wäre nicht durch die richterliche Autorität und Unpartheilichkeit eine solche Vorstellung gänzlich ausgeschlossen — so könnte man fast auf den Gedanken gerathen, als habe hier eine gewisse Voraussicht derjenigen Verlegenheiten stattgefunden, in welche die Preußische Regierung durch die Bestimmung des § 4 des Gesetzes über die Freizügigkeit im Norddeutschen Bunde gelangen müßte, wenn sie allein es sein soll, in deren Gebiet für einen Sachsen, Meininger, Anhaltiner die Fürsorge-Verpflichtung einer Gemeinde entstehen kann, während in Sachsen, Meiningen, Anhalt der Preuße von der Gewinnung des dortigen Heimathsrechts unbedingt ausgeschlossen ist und nach Art. 3 der Bundes-Verfassung und § 10 des Freizügigkeits-Gesetzes auch ausgeschlossen bleibt. Nun mag dem sein, wie ihm wolle, wir beneiden die Regierung von Reuß ältere Linie um die Aufgabe nicht, sich über einen innerhalb des höchsten Preußischen Gerichtshofes selbst in solchen Ausdrücken öffentlich bestehenden Streit zu resolviren.

5. Und nehmen wir nun den Zustand an, daß wirklich auch in Betreff der Preußischen Unterthanen eine derartige Verpflichtung der Localgemeinde in den übrigen Bundesstaaten entstehen könnte, welche Hin- und Herschreibereien und welche Streitigkeiten würde es geben, wenn hierüber jedesmal befunden werden sollte. Es würde also in der That nichts übrig bleiben, als für das gesammte Bundesgebiet jenes Blechmarkensystem der sogenannten Heimathscheine der einzelnen Localgemeinden einzuführen, worüber wir schon hier auf die Schrift: „Was bedeutet das deutsche Heimathwesen?“ S. 17—20 verweisen und worüber wir uns bei § 9 noch näher auslassen werden.

6. Nun und mit diesem im § 4 und 10 des Bundes-Freizügigkeits-

Gesetzes geschonten Heimathssystem will man nicht aufräumen und glaubt dagegen mit der geringen Wirksamkeit des § 1 des Bundesgesetzes unter diesen Umständen einen wirklichen Vortheil zu erlangen?

§ 7.

Die Gemeinde ist nicht befugt, von neu Anziehenden wegen des Anzugs eine Abgabe zu erheben. Sie kann dieselben, gleich den übrigen Gemeinde-Einwohnern, zu den Gemeindelasten heranziehen. Uebersteigt die Dauer des Aufenthalts nicht den Zeitraum von drei Monaten, so sind die neu Anziehenden diesen Lasten nicht unterworfen.

1. Gegen die Bestimmung, wonach die Erhebung aller Einzugsgelder Seitens der Localgemeinde aufgehoben wird, kann selbstverständlich Nichts erinnert werden, obschon diese Bestimmung mehr Gegenstand der Gemeinde-Verfassung ist und daher principaliter dorthin gehören würde. Die Competenz der Bundes-Gesetzgebung könnte hier aus Art. 4 der Bundes-Verfassung vielleicht hergeleitet werden, obwohl dies nach der Wortfassung des Art. 3 immerhin bestritten werden könnte.

2. Auf Grund welchen Titels und Artikels der Bundes-Verfassung aber die Bundes-Gesetzgebung als solche die Besteuerungsbefugniß der Gemeinde gegen ihre Einwohner nach erfolgtem Anzuge zum Gegenstande ihrer legislativen Thätigkeit machen will, ist uns bei der genauesten Vergleichung der Bundes-Verfassung nicht erkennbar geworden. Wir würden gegen die Bestimmung an und für sich in den Gemeinde-Verfassungen der einzelnen Bundesstaaten Nichts zu erinnern haben. So lange aber die in der Gemeinde angezogenen Personen selbst als einheimische Staatsangehörige 5, 10, 20 Jahre am Orte sich aufgehalten haben können, um dann noch wegen eingetretenen Mangels an Arbeitskräften hinausgewiesen zu werden, oder gar so lange fremden Staatsangehörigen diese erfreuliche Aussicht in perpetuum nach § 4 des Bundes-Gesetzentwurfs offen steht, dürfte in der solchergestalt legalisirten Befugniß der Gemeinden zur Besteuerung der sich dort aufhaltenden Personen eine doch etwas zu glückliche Finanz-Speculation für die einzelne Gemeinde im Bundesgebiet liegen.

3. Auch hier also wäre die Einführung des Bundes-Gesetzentwurfs ohne unser zu § 3 und 4 vorgeschlagenes Amendement, d. h. ohne eine gleichmäßige Einschränkung der Wiederausweisungsfrist völlig undurchführbar.

§ 8.

Was vorstehend von den Gemeinden bestimmt ist, gilt an denjenigen Orten, wo die Last der öffentlichen Armenpflege verfassungsmäßig nicht der örtlichen Gemeinde, sondern anderen gesetzlich anerkannten Verbänden (Armen-Communen), obliegt auch von denjenigen Gutsherrschaften, deren Gutsbezirk sich nicht in einem Gemeindeverbande befindet.

Dieser Paragraph ist selbstverständlich und stimmt im Wesentlichen mit dem § 7 des von uns bereits entworfenen Gesetzes über die Zulassung neu anziehender Personen für das erweiterte Preußische Staatsgebiet (Anlage B) überein, jedoch dürfte der Eingang: „Was vorstehend von den Gemeinden rc. rc." besser durch ausdrückliche Aufnahme der §§ 1. 2. 3. 4. 5. 6. 7. zu vervollständigen sein.

§ 9.

Die Vorschriften über die Anmeldung der neu Anziehenden bleiben den Landesgesetzen mit der Maaßgabe vorbehalten, daß die unterlassene Meldung nur mit einer Polizeistrafe, niemals aber mit dem Verluste des Aufenthaltsrechts (§ 1.) geahndet werden darf.

1. Wie das im Bundesgesetz proclamirte Recht der Freizügigkeit eine reelle Wirksamkeit gewinnen soll, ohne gesetzliche und einheitliche Regelung der Formalien, welche in Bezug auf die Legitimation des Individuums beim Ergreifen des örtlichen Aufenthalts in den einzelnen Staaten bestehen, erscheint gleichfalls höchst bedenklich.

Gerade dies formelle Anmeldeverfahren ist aber, je mehr die Gründe der Ausweisungsbefugniß der Localgemeinden gesetzlich eingeschränkt werden, um so wichtiger und die Formen, unter denen dasselbe stattzufinden hat, sind sowohl für den Anziehenden, als für die Gemeinde, welche durch die Meldung Gelegenheit erhalten soll, von etwa zu erhebenden Einwendungen gegen den Aufenthalt innerhalb einer bestimmten Frist Gebrauch zu machen, um so bedeutungsvoller.

Freilich so lange Jemand in perpetuum oder noch bis zum Ablauf von 5, von 10, von 20 Jahren von dem Orte, an welchem er sich so lange aufgehalten, wieder ausgewiesen werden kann, hätte es mit dieser polizeilichen Anmeldung an und für sich nicht viel auf sich. — Anders aber, wenn unserm obigen Verlangen gemäß die Wiederausweisungsfrist im § 4, wie bisher in Preußen, auf eine 1jährige Dauer beschränkt wird.

2. Wir haben deshalb diesem Meldeverfahren in den §§ 8—15 unseres Gesetzentwurfs über die binnenländische Freizügigkeit in dem erweiterten Preußischen Staatsgebiet (Anlage B) eine ganz besondere Aufmerksamkeit und Präcision des Ausdrucks zuzuwenden uns bemüht, wobei uns die vielfachen Controversen geleitet haben, welche schon aus der Handhabung der bisherigen Preußischen Gesetzgebung trotz des in der Letztern gewahrten Princips möglichst ungehinderter Freizügigkeit erwachsen waren.

3. Soll ein gleiches Maaß von Freizügigkeit im Bundesgebiet nach den Intentionen des Bundesgesetz-Entwurfs bestehen, so wäre diese Gleichheit ja für die Praxis dadurch wieder aufgehoben, daß für jeden Staat besondere Formalien eingeführt werden können, welche bei der Wahl des Aufenthalts in Preußen so — in Sachsen so — und hinwiederum in den einzelnen Thüringschen Staaten so oder so zu beobachten sind. Wir führen also, während wir die polizeiliche Paßgesetzgebung auszugleichen suchen, hier gerade auf dem Gebiet der Freizügigkeit eine chromatische Verschiedenheit ein, welche den Zweck des gegenwärtigen Bundesgesetz-Entwurfs, wenn nicht aufhebt, so doch in seinen wesentlichen Zielen abschwächt.

Wir halten daher eine allgemeine Freizügigkeitsgesetzgebung, ohne gleichzeitige Regulirung dieses wichtigen Meldewesens, sowohl im Interesse der Bevölkerung, als im Interesse der Gemeinden, für nachtheilig und schädlich.

4. Gegen diese Schädlichkeit bietet der dem § 11 des Bundesgesetz-Entwurfs gegebene Schlußsatz, wonach die unterlassene Meldung niemals an und für sich „das Aufenthaltsrecht" aufheben soll, d. h. deutlicher ausgedrückt, wonach wegen blos unterlassener Anmeldung des Anzuges an einem Orte Niemand, sei es von Staats- oder von Gemeinde wegen, wieder ausgewiesen werden darf, durchaus keinen genügenden Schutz. Gegen die in der Verschiedenheit der Formalien dieses Meldeverfahrens innerhalb der einzelnen Bundesstaaten schon an und für sich liegende Belästigung, geschweige denn gegen die bei einer solchen Verschiedenheit der Specialgesetzgebungen von Bundes wegen gar nicht zu controllirende Chikane der einzelnen Localbehörden, ließe sich ein wirksamer Schutz auch wohl kaum finden.

5. Doch die Verweisung der formellen Bestimmungen über das Meldewesen auf die Partikular-Gesetzgebungen hat noch eine ganz andere Bedeutung, die wir hier unmöglich übergehen können.

Das Heimathswesen in den übrigen deutschen Staaten bringt es mit sich, daß eben ein Jeder eine Heimath haben muß, es liegt hierin also ein **internirender Zwang**, der als nächste Consequenz die Folge mit sich führt, daß Niemand ohne Beibringung eines sogenannten Heimathscheins seines frühern Wohnorts, seiner sogenannten Heimathsgemeinde, an irgend welchem andern Orte im Lande seinen Aufenthalt nehmen darf. Wir verweisen des Näheren hierüber auf das oben S. 47 Gesagte, sowie auf die Schrift: „Was bedeutet das deutsche Heimathwesen?" S. 17 bis 20. Wir haben dort dieses System, wie wir glauben, mit Fug und Recht, als ein sociales Paßsystem bezeichnet, wonach Jedermann verpflichtet ist, selbst wenn er an einem Orte auch nur seinen Aufenthalt nehmen wollte, durch Vorlegung eines solchen Heimathscheins der Gemeinde des neuen Aufenthaltsorts die nöthige Garantie dafür zu geben, an welche andere Gemeinde sie sich im Fall eintretender Armen-Unterstützung wegen Kostenerstattung und wegen Abnahme der fernern Fürsorge werde zu halten haben. Ohne einen solchen Heimathschein konnte und kann noch heute jede Localgemeinde in jenen Staaten selbst dem arbeitsfähigen völlig unbescholtenen Inländer rücksichtslos den Aufenthalt verweigern und der Bundesgesetz-Entwurf hebt ja das formelle Erforderniß dieser intercommunalen Heimathscheine nicht nur nicht auf, sondern er verweist im § 9 wegen aller Formalien bei der Meldung anziehender Personen ausdrücklich auf die bestehenden Landesgesetze. Nun freilich unter dieser Voraussetzung würde der von uns oben bei Besprechung der §§ 3 und 4 des Bundes-Gesetz-Entwurfs vermißte alte preußische Grundsatz, daß die B e s o r g n i ß einer k ü n f t i g e n, mit dem Aufenthalt des Anziehenden für die Gemeinde m ö g l i c h e r w e i s e verbundenen Belastung k e i n e n Grund zur Verweigerung des Aufenthalts abgeben dürfe, in dem vorliegenden Gesetzentwurf sich in einem unlösbaren Widerspruch befunden haben und wir stimmen deshalb dem Gesetzentwurf, wie er heute vor uns liegt, vollkommen darin bei, daß bei dem nach §§ 4 und 9 auch ferner zulässigen Erforderniß einer solchen Legitimation und Garantie für den k ü n f t i g e n m ö g l i c h e n Verarmungsfall jener Grundsatz mit absoluter Nothwendigkeit aus dem Gesetz fortbleiben m u ß t e, wenn man nicht schwarz an die Stelle von weiß setzen wollte. Ob aber die Vertreter des deutschen Volks auf dem Reichstage sich noch ferner diesem socialen Paßzwang unterwerfen wollen und ob sie nicht zum Mindesten im § 9 durch einen Zusatz aussprechen wollen, daß das Erfordern sogenannter Heimathscheine oder Rücknahmereverse der frühern Aufenthalts- oder Heimathsgemeinde, bei der Ergreifung des Aufenthalts an einem andern Orte, der Gemeinde- oder Polizeibehörde des Letztern untersagt sei, müssen wir abwarten.

§ 10.

D u r c h d e n n a c h V o r s c h r i f t d i e s e s G e s e t z e s g e s t a t t e t e n A u f e n t h a l t a l l e i n w e r d e n a n d e r e R e c h t s v e r h ä l tnisse, namentlich die Gemeinde-Angehörigkeit, das Ortsbürgerrecht, die Theilnahme an den Gemeinde-Nutzungen und der Armenpflege, nicht begründet.

Wenn jedoch nach den Landesgesetzen durch den, eine bestimmte Zeit hindurch ununterbrochen fortgesetzten Aufenthalt das Heimathrechts-Gemeinde-Angehörigkeit, Unterstützungswohnsitz) erworben wird, behält es dabei sein Verwenden.

1. Wenn sich der § 10 bemüht, in seinem ersten Theil auszusprechen, daß der Gesetzentwurf über die Freizügigkeit keine Gemeindeordnung ist, und daß ebenso in den vorhergehenden neun Paragraphen keinerlei abändernde Bestimmung über die Verpflichtung zur Armenpflege enthalten ist, so dürfte die Richtigkeit dieser Bemerkungen auch wohl ohne besondere Versicherung im § 10 auf der Hand liegen. Ein Zweck für die Aufnahme dieser besonderen Versicherung dürfte daher wohl kaum vorliegen, wenigstens wüßten wir nicht, was dadurch erreicht werden sollte, als höchstens eine Art Beruhigung für besorgte Gemüther, denen etwa schon dies Freizügigkeitsgesetz als ein zu weit gehender Eingriff in die sorgsam zu schonenden Heimathsgesetzgebungen erscheinen möchte.

2. Wenn aber nach dem zweiten Absatz es noch besonders ausgesprochen wird, daß es dabei sein Bewenden behalten soll,

„wenn nach den Landesgesetzen durch ꝛc. ꝛc. Aufenthalt das Heimathsrecht (Gemeinde-Angehörigkeit, Unterstützungswohnsitz) erworben wird,"

so haben wir uns schon oben bei § 4 sub 4 über die unzulässige Nebeneinanderstellung der Begriffe des Heimathsrechts, der Gemeinde-Angehörigkeit nach den sogenannten deutschen Heimathsgesetzen mit der nach dem Preußischen Armengesetz begründeten intercommunalen Fürsorge-Verpflichtung, dem fälschlich sogenannten Unterstützungswohnsitz, ausgesprochen.

Ob in der That wohl genügend erwogen ist, daß durch das „Bewendenlassen" bei der bisherigen Gesetzgebung über den Erwerb des sogenannten Heimathsrechts man von vornherein jede wirksame Verbesserung des bisherigen Mangels an Freizügigkeit unmöglich macht, und daß man den einzigen Staat, der im Bunde dies System nicht kennt, damit schließlich in ein allgemeines Landarmenhaus für den Bund verwandeln oder ihn nöthigen würde, sein eigenes System aufzugeben, das ist es, worauf wir auch hier, wie überall hinzuweisen haben.

§ 11.

Die Bestimmungen über die Fremdenpolizei werden durch dieses Gesetz nicht betroffen.

Dieser § ist selbstverständlich und bedarf keiner Erläuterung.

Schlußbetrachtungen.

Und nun betrachten wir noch einmal kurz die Wirkungen des Gesetzes von der praktischen Seite

A. in Betreff der binnenländischen Freizügigkeit.

1. Für die 7 Millionen Einwohner der außerpreußischen Bundes-Staaten, welche zumeist unter dem Drucke jener Heimaths-Gesetze existiren, läßt das Bundesgesetz die Letzteren mit vollendeter Schonung noch fortbestehen. Noch heutigen Tages würde selbst im Königreich Sachsen, dessen Freizügigkeits-Gesetzgebung uns in den Motiven des Bundesgesetz-Entwurfs gerühmt wird, selbst der Sachse außerhalb seines Geburtsortes das Heimathsrecht nach § 8 des Heimathsgesetzes vom 26. November 1834,

1. durch ausdrückliche Ertheilung Seitens der Gemeinde- resp. Polizeibehörde,

2. durch die Ansässigkeit mit einem Wohngebäude oder durch Gewinnung des Bürgerrechts, erwerben, in den beiden Fällen ad 2 aber auch nur erst nach fortgesetztem fünfjährigen Wohnsitz oder nach fünfjähriger Ausübung des Bürgerrechts. Hierin wäre also durch die Bestimmungen des Bundesgesetzes nach §. 10 und Art. 3 der Bundes-Verfassung selbstverständlich Nichts geändert. Nun allerdings könnte der durch Geburt in Zwickau heimathsberechtigte Sachse z. B. in Oschatz seinen Aufenthalt nehmen wollen, ohne dort das Heimathsrecht zu erwerben. Dies wäre also der Fall, den das neue Bundesgesetz im § 1 in Aussicht nimmt. In diesem Falle müßte er jedoch nach § 17 jenes sächsischen Heimathsgesetzes

1. einen Heimathschein der Gemeinde Zwickau,

2. einen Verhaltschein der Polizeibehörde seines letzten Aufenthaltsorts darüber beibringen, daß er im letzten Jahre

a) keine Almosen in Anspruch genommen,

b) nicht gebettelt habe und

c) sonst kein polizeilicher Ausweisungsgrund gegen ihn vorgelegen habe.

Diese Bedingungen würde jeder Sachse auch nach dem Bundesgesetz noch genau zu erfüllen haben mit der alleinigen Modification, daß nach § 3 desselben nicht mehr der bloße Empfang von Almosen, sondern der Nachweis eines Mangels an den erforderlichen Arbeitskräften einen gesetzlichen Grund zur Verweigerung des Aufenthalts in Oschatz abgeben würde. Welchen Werth aber hat denn diese Neuerung, wenn der Anziehende doch noch den Heimathschein einer andern Gemeinde produciren muß, durch den ja die Gemeinde Oschatz schon ohnehin vor allen ökonomischen Nachtheilen, welche ihr durch den Aufenthalt des Angezogenen entstehen könnten, in perpetuum gedeckt ist? Es würde also schon nach der gegenwärtigen Gesetzgebung für die Gemeinde Oschatz nicht einmal von erheblichem Belang gewesen sein, bei der Ergreifung des Aufenthalts sich um den Zustand der Arbeitskräfte des Anziehenden zu bekümmern. Denn nach der ausdrücklichen Bestimmung des sächsischen Heimaths-Gesetzes würde selbst, wenn die Gemeinde Oschatz bei völligstem Mangel an den hinreichenden Arbeitskräften und deshalb gewährten Armen-Unterstützungen dem Anziehenden die Ergreifung und Fortsetzung des Aufenthalts gestattet hätte, dadurch niemals die Verpflichtung der Heimathsgemeinde Zwickau erloschen, noch auch der Angezogene selbst vor den jederzeit noch zulässigen Ausweisungsmaßregeln der Gemeinde Oschatz und vor dem beliebten Schubtransport nach Zwickau geschützt sein und hierauf drückt der Bundesgesetz-Entwurf in den §§ 4, 6 und 9 noch ausdrücklich den Stempel seiner Genehmigung.

2. Von den 23 Millionen Preußen besteht für 19 Millionen bereits in Betreff ihres inländischen Verkehrs seit 25 Jahren alles Dasjenige, was das Bundesgesetz der Nation an den Weihnachtsbaum zu hängen verspricht. Für die übrigen 4 Millionen dürfte sich schließlich denn doch trotz der bisherigen Sprödigkeit der Preußischen Regierung endlich eine gewisse Nothwendigkeit finden, auch sie mit diesem ersten Erforderniß eines einheitlichen Staatsorganismus, der freien Bewegung und ungehinderten Verwerthung ihrer Arbeitskraft für das gesammte Preußische Staatsgebiet auszurüsten. Doch würde es hierzu keines Bundesgesetzes in diesem Augenblick bedürfen, sondern nur der Annahme unseres Gesetzentwurfs (Anlage B) mit den aus dem Ablauf der Uebergangsfrist am 1. October d. J. sich von selbst ergebenden Modificationen.

Wir sehen also, eine wirksame Umgestaltung der binnenländischen Freizügigkeits-Gesetzgebung enthält der neue Bundesgesetz-Entwurf überall nicht, am wenigsten eine Einführung jenes Preußischen Grundsatzes, daß wegen bloßer Befürchtung einer künftigen Belastung der Gemeinde eine

Verweigerung des Aufenthalts nicht stattfinden dürfe. — Wo bist du, Faust, deß Stimme mir erklang! —

B. In Betreff der internationalen Freizügigkeit.

I. Zunächst scheiden von den Wirkungen des Gesetzes also überhaupt alle diejenigen Personen aus, welche sich nicht mindestens durch einen Heimathschein als Staatsangehörige eines Bundesstaats legitimiren. Das würde sich gleich bleiben, sowohl für den Verkehr der 7 Millionen Einwohner der übrigen Bundesstaaten nach Preußen, als für den der 23 Millionen Preußen nach den übrigen Staaten. Für alle diese Fälle bliebe nach wie vor dem Erlaß eines solchen Bundesgesetzes so wenig ein Recht zum Aufenthalt in der Localgemeinde, als ein Recht zum Aufenthalt in einem andern Staat, garantirt.

II. Untersuchen wir also die Wirkungen des Bundesgesetz-Entwurfs für die nachweisbar Staatsangehörigen eines Bundesstaats, und zwar:

1. für diejenigen, welche sich aus einem der übrigen Bundesstaaten nach Preußen begeben wollen.

Diesen allerdings kann gegenwärtig auch in Preußen

a) die Ergreifung des Aufenthalts nur unter der Bedingung des § 3 des Bundesgesetzes von der Lokalgemeinde verweigert werden. Hierin liegt jedoch für sie insofern nichts Neues, als dies bereits die unmittelbare Wirkung des Art. 3 der Bundes-Verfassung in Verbindung mit der bisherigen Preußischen Gesetzgebung war. Um diese Gleichstellung der 7 Millionen Nicht-Preußen im Bunde mit den Preußischen Unterthanen zu erreichen, bedarf es eines neuen Bundesgesetzes überhaupt nicht mehr.

b) In der Wiederausweisungs-Befugniß der Preußischen Regierung ist dagegen allerdings die Aenderung eingetreten, daß wenn ihr von einer ihrer Gemeinden Jemand zur Ausweisung nach Sachsen gemäß § 6 des Bundesgesetzes präsentirt werden soll, zuerst der Nachweis des qualitativen Mangels an Arbeitskräften des Auszuweisenden dergestalt zu führen ist, um dies auch der Sächsischen Regierung beweisen zu können. Außerdem aber würde die Befugniß zur Wiederausweisung auf Seiten der Preußischen Gemeinde erloschen sein, wenn auf sie durch einjährigen Wohnsitz oder dreijährigen Aufenthalt des Auszuweisenden die Fürsorge-Verpflichtung nach dem Preußischen Armengesetz übergegangen wäre.

Wäre man hierbei über jene zwischen dem Plenum des Königl. Ober-Tribunals und seinem ersten Senat streitige Klippe mit Hülfe des Fürstlich Reußischen Schiedsspruchs (vergl. oben S. 46) glücklich hinweg gekommen; wüßte man also mit andern Worten, ob es einen oder ob es

„keinen" Sinn hat, zur Entstehung der Fürsorgepflicht auch nach dem Preußischen Armengesetz, wie nach den Heimathsgesetzgebungen der übrigen Staaten, die „Preußen-Eigenschaft" als conditio sine qua non zu erfordern; dann wäre also von einer Wiederausweisungsbefugniß der betreffenden Ortsgemeinde oder gar der Preußischen Regierung nach einjährigem gemeldeten Wohnsitz oder dreijährigem Aufenthalt nicht mehr die Rede. Sachsen würde seinen erst vor Jahresfrist nach Preußen gewanderten Unterthanen in Preußen zu lassen haben und die Sächsische Regierung würde sich der früheren Sächsischen Heimathsgemeinde selbst verantwortlich machen, wenn sie trotzdem ihren eigenen nunmehr verarmten Unterthanen über die Grenze ließe, um seinen vor kaum Jahresfrist verlassenen Heimathsort, wo er seine Angehörigen vielleicht noch besitzt, wieder aufzusuchen. Und der Sachse würde bis an sein Lebensende bei wirklicher Verarmung nach Sachsen im regulären Wege niemals zurück gelangen können. Dies würde also eine sehr einschneidende, aber auch die einzige und unvermeidliche Wirkung des Bundesgesetzes für den Verkehr nicht Preußischer Bundesangehörigen nach Preußen sein. Wie verlockend würde nicht ein einjähriger Wohnsitz oder selbst ein dreijähriger Aufenthalt in Preußen plötzlich in den Augen der benachbarten nicht Preußischen Grenz-Gemeindebehörden in Folge des neuen Bundes-Gesetzentwurfs besonders für ihre bereits verarmte oder der Verarmung aus Altersschwäche 2c. nahestehende Bevölkerung sein! Welchen Schutz gegen diese nachbarliche Bevorzugung Seitens der nicht Preußischen Gemeindebehörden würde uns die Bundesgewalt wohl auf der ganzen Grenzstrecke des Preußischen Gebiets zu gewähren im Stande sein, der Folge nicht zu gedenken, welche diese Menschencontrebande für die Bevölkerung selbst mit sich führen müßte.

2. Nehmen wir nun an, ein Preußischer Unterthan ergreift an irgend einem außerpreußischen Orte im Bundesgebiet, z. B. in Hildburghausen, seinen Aufenthalt und weist sich durch einen Heimathschein der Preußischen Regierung als „Bundes-Angehöriger" aus, so kann ihm

a) die Ergreifung des Aufenthalts allerdings gegenwärtig nicht mehr willkürlich, wie bisher, verweigert werden. Die Gemeinde Hildburghausen hätte selbst nach dem Wortlaut des Art. 3 der Bundes-Verfassung bisher das Recht gehabt, Behufs Gestattung des Aufenthalts den Preußen wie einen Meiningschen Staats-Angehörigen zu behandeln, d. h. von ihm neben allen übrigen polizeilichen Legitimationen, noch in ökonomischer Beziehung die Beibringung eines Heimathscheins einer bestimmten Gemeinde zu verlangen. Da nun in Preußen keine Gemeinde zur Ausstellung derartiger Heimathscheine verpflichtet ist, so wäre ohne die in dem Heimathschein der Preußischen Regierung ausgesprochene conventionsmäßige Rücknahme-Verpflichtung auch nach Artikel 3 der Bundes-Verfassung keine Möglichkeit für einen Preußen vorhanden gewesen, in Hildburghausen seinen Aufenthalt zu ergreifen. Ein unbedingtes Recht hierauf aber hatte der Preuße selbst nach Art. 3. a. a. O. nicht, da er den für die Ergreifung des Aufenthalts eines Meiningschen Unterthanen gesetzlich erforderlichen Bedingungen gar nicht genügen konnte. Inzwischen wäre selbstverständlich durch die Production des Heimathscheins der Preußischen Regierung auch bisher der Preuße dergestalt legitimirt gewesen, daß in ökonomischer Beziehung der Ergreifung seines Aufenthalts für die Gemeindebehörde von Hildburghausen jedes Bedenken genommen wäre. Wenn also nach § 1 und 3 des Bundes-Gesetzentwurfs bei vorhandener Arbeitsfähigkeit dem durch einen Preußischen Heimathschein legitimirten Preußen allerdings gegenwärtig ein förmliches Recht auf Ergreifung des Aufenthalts in Hildburghausen eingeräumt ist, so hat dasselbe wenigstens im Vergleich zu dem bisherigen factischen Zustande nur einen mehr formellen Werth, ein besonderer Nothstand, welchem durch ein schleuniges Gesetz abzuhelfen wäre, liegt bei dem im Art. 3 der Bundes-Verfassung ohnehin sanctionirten Credit der von der Preußischen Regierung ausgestellten Heimathscheine nicht vor, um dem Preußischen Unterthanen die Ergreifung des Aufenthalts in einem andern Bundesstaate zu sichern, bevor man über die Wirkungen des Gesetzes auf die zunächst damit verbundenen Gebiete ohne die nöthigen Vorbereitungen ist, so lange man also nicht den Preis kennt, den man für diesen Vortheil opfert. Nur die Abschaffung des Einzugsgeldes, welches jedoch meistens nur bei Erwerbung des Heimathsrechts gezahlt wurde, wäre hierbei schon jetzt von reeller Bedeutung.

b) Und wie steht es nun mit der Wiederausweisungs-Befugniß der Gemeinde Hildburghausen resp. der Meiningschen Regierung? Nehmen wir an, der nach Hildburghausen verzogene Preußische Unterthan hätte sich dort 15 bis 20 Jahre redlich ernährt, wird vom dritten Monat seines Aufenthalts ab zu Gemeindelasten herangezogen, geräth dann aber durch irgend einen Zufall, der seine körperliche Arbeits- und Erwerbsfähigkeit beeinträchtigt, in die Lage, nicht mehr für sich und seine Familie ausreichend sorgen zu können. Die Gemeinde Hildburghausen hat also das Recht, aus diesem Grunde ihn auszuweisen und würde sich in diesem Falle nach § 6 des Bundes-Gesetzentwurfs an ihre Regierung zur Vermittlung der Rückweisung nach Preußen zu wenden haben. In Preußen ist aber nach der bestehenden Gesetzgebung die Fürsorge-Verpflichtung des letzten inländischen Wohnorts längst erloschen und jener Arbeiter wandert bei seiner Wiederaufnahme in Preußen in Folge dessen ins Landarmenhaus.

Wir fragen, worin besteht hier die Wirkung des Bundesgesetzes für die Bevölkerung und ist dies nicht derselbe Zustand wie bisher? mit der alleinigen Abänderung, daß es nach dem gegenwärtigen Gesetz der Gemeinde Hildburghausen zusteht, 20 Jahre lang den Preußischen Bundesangehörigen zu Communalsteuern heranzuziehen, während sie von ihm nach der bisherigen Gesetzgebung, wo er sich mit einem Heimathschein dort aufhielt, gar kein oder nur ein geringes Einzugsgeld gefordert hätte. Das wäre also für einen Preußen der Preis für die blos formelle Befugniß, sich in Hildburghausen aufzuhalten, was ihm auch bis dahin an und für sich mit dem Preußischen Heimathschein in der Hand schwerlich verweigert worden wäre. Welche Garantie liegt also in dem Gesetz für die dem Eintritt der ungenügenden Erwerbsfähigkeit im Lauf der Jahre, schließlich durch das hohe Alter nach der bestehenden Weltordnung ausgesetzten 86 pCt. der Bundesangehörigen, wenn sie als Preußen, als Sachsen unwiderruflich zu gewärtigen haben, aus Meiningen, aus dem zum Bunde gehörigen Theil des Großherzogthums Hessen, Mecklenburg, Hamburg 2c., ebenso wie bisher und wie aus dem zum Bunde nicht gehörigen Theil des Großherzogthums Hessen, aus Baiern, Würtemberg in perpetuum ausgewiesen werden zu können.

Soll also ein Bundesgesetz über die Freizügigkeit erlassen werden, so verlangen wir im Interesse der Freizügigkeit eine klare Darlegung derjenigen Einwendungen, welche der Ergreifung und Fortsetzung des örtlichen Aufenthalts in der Gemeinde und welche der Ergreifung und Fortsetzung des Aufenthalts in den einzelnen Bundesstaaten entgegengestellt werden dürfen und zwar sowohl in polizeilicher als in ökonomischer Beziehung, sowie in Beziehung auf die Formalien der Legitimation beim Anzuge und des Streitverfahrens.

A) In Betreff der binnenländischen Freizügigkeit verlangen wir:

1. in polizeilicher Beziehung, daß wenn im § 2 gewisse sicherheitspolizeiliche Beschränkungen für den binnenländischen Verkehr bestehen sollen, diese erst genau specificirt und der Bundesgesetzgebung vorgelegt werden, um dieselben in dem Bundes-Freizügigkeitsgesetz entweder zu sanctioniren oder abzuschaffen, — oder wir verlangen, daß auch hier der Preußische Grundsatz generell zur Geltung gebracht wird, wonach auch für die binnenländische Freizügigkeit nur die Landes-Polizeibehörde darüber zu befinden hat, wie weit im Interesse der öffentlichen Sicherheit

oder Sittlichkeit nach Verbüßung der Strafe eines Vergehens oder Verbrechens der Aufenthalt des Bestraften an einem bestimmten Orte vorzugsweise gefährlich erscheinen möchte.

2. In ökonomischer Beziehung verlangen wir

a) daß ein Widerspruch gegen die Ergreifung des Aufenthalts Seitens der Commune nur nach Maßgabe des § 3 des Bundes-Gesetzentwurfs stattfinden darf,

b) daß eine Wieder-Ausweisung eines bereits Angezogenen überhaupt nur zulässig ist während des ersten Wohnungsjahres, und zwar nur wegen eines — erforderlichen Falls ärztlich zu bescheinigenden — Mangels an den ausreichenden Kräften, um für sich und die Seinigen den nöthigen Unterhalt selbst zu verdienen,

c) daß von der Erhebung des Einzugsgeldes nicht mehr die Rede sein kann.

3. In Beziehung auf die Formalien der Legitimation neu anziehender Personen verlangen wir, daß überall ein gleichmäßiges Verfahren eingeführt werde, wonach der Anziehende und sein Wohnungsgeber nur bei einer Polizeistrafe zur Anmeldung des Aufenthalts bei der Polizeibehörde verbunden sei, während es der Letzteren obliegt, unter event. Communication mit der Communalbehörde zu prüfen, ob und welche gesetzliche Gründe zur Verweigerung des Aufenthalts vorliegen und welche weiteren Nachforschungen dieserhalb erforderlich sein möchten; insbesondere aber, daß hinfort die Ergreifung des Aufenthalts nicht mehr von der Beibringung eines von einer andern Localgemeinde ausgestellten Heimathscheins oder Rücknahme-Reverses abhängig gemacht werde.

4. In Beziehung auf das Streitverfahren zwischen den einzelnen Communen genügt im Wesentlichen der § 5 des Bundes-Gesetzentwurfs, jedoch mit Berücksichtigung des in dem § 5 unseres Gesetzentwurfs (Anlage B), sowie in dem § 21 des Sächsischen Heimathsgesetzes vom 26. November 1834 geregelten Ausgleichungsverfahrens, für Fälle rücksichtsloser, mit der gesetzlichen Schubberechtigung verbundenen Härten.

B. In Betreff der internationalen Freizügigkeit verlangen wir

1. in polizeilicher Beziehung, daß sich die Wiederausweisungsbefugniß des Staats genau in den Grenzen der oben sub A 1. bei der binnenländischen Freizügigkeit aufgestellten Grundsätze hält, und daß in das Bundesgesetz eine ausdrückliche Bestimmung darüber aufgenommen werde, wie weit die bereits vor Erlaß der Bundes-Verfassung durch

Richterspruch ausgesprochene Landesverweisung aufrecht zu erhalten oder als aufgehoben zu betrachten ist.

2. In ökonomischer Beziehung hätten wir es bestens zu acceptiren, wenn die sämmtlichen Bundesregierungen darüber einig sind, daß für sie ein ökonomisches Staats-Interesse bei der Wahl des örtlichen Aufenthalts der Staatsangehörigen aller übrigen Bundesstaaten in ihrem Gebiet nicht vorliegt, oder doch, daß dasselbe genügend durch die Wahrnehmung des ökonomischen Gemeinde-Interesses nach den obigen Grundsätzen sub A, 2. a, b, c durch die Gemeinde selbst gewahrt wird. Sollte inzwischen bei einer (wie oben A, 2. b) wirklich garantirten freien Bewegung der Bevölkerung doch vielleicht das Einverständniß der Bundes-Regierungen, auch ihr ökonomisches Interesse mit dem ökonomischen Interesse der Gemeinden zu identificiren, nicht ganz aufrecht zu erhalten sein, so würden wir ihnen vorschlagen, unter gleichmäßiger Anwendung der übrigen sub A, 2 ausgesprochenen Grundsätze (in Betreff des Ausweisungs-Grundes) auch auf die Ausweisungsbefugniß der einzelnen Staaten, den Letzteren eine fünfjährige Frist zur Wieder-Ausweisung zu gestatten, wie wir dies in unserm Gesetz-Entwurf (Anlage A) zu formuliren uns bemüht haben. Es ist dabei, wie schon oben erwähnt, die Analogie des § 2 der Gothaer Convention für uns maßgebend gewesen. Gleichzeitig erscheint es nothwendig, bei einer derartig abgegrenzten Ausweisungsfrist diejenigen Unterbrechungen 2c. zu berücksichtigen, welche bei der Berechnung zur Sprache kommen möchten. Es sind hierbi ein den §§ 3 und 4 unseres Gesetz-Entwurfs (Anlage A), die analogen Fragen von uns ins Auge gefaßt worden, zu denen die entsprechenden Bestimmungen des Preußischen Armengesetzes in der Praxis geführt haben. Wir erinnern hier nochmals daran, daß wir unsern Gesetz-Entwurf (Anlage A) nicht zur Annahme, sondern nur zur Vergleichung empfohlen haben, indem wir principaliter bei der Meinung verharren, daß ohne vorgängige oder gleichzeitige Feststellung der Grundsätze über den Erwerb und Verlust der Staatsangehörigkeit in den einzelnen Bundesstaaten und über den Erwerb und Verlust des Unions-Staatsbürgerrechts eine Bundes-Gesetzgebung über die internationale Freizügigkeit unwirksam ist.

Die Letztere kann eine positive Zeitbestimmung über die Dauer der staatlichen Ausweisungsbefugniß ebensowenig entbehren, wie die Gesetzgebung über die binnenländische Freizügigkeit eine positive Zeitbestimmung über die Dauer der Ausweisungsbefugniß der Gemeinde. In dieser Beziehung ist die Bestimmung im § 4 des vorliegenden Bundes-Gesetzentwurfs ungenügend und für die Bundesstaaten schädlich, weil sie nicht gleichmäßig ist, — für die Bevölkerung schädlich, weil sie für den internationalen Verkehr die unbegrenzte Wiederausweisungsbefugniß nach jenen Heimathsgesetzen bestehen läßt. Vereinigen sich also die Regierungen nicht darüber, ihre staatliche Ausweisungsbefugniß auf dasselbe Zeitmaaß von einem Jahr, wie wir es für die Localgemeinden erfordert haben, zu reduciren — was uns mit Bezug auf die künftige Bundes-Gesetzgebung über die Bundes-Staatsangehörigkeit allerdings voreilig erscheinen würde — so bleibt nichts übrig, als entweder durch eine gleichmäßige Normirung jenes längern Zeitmaßes von fünf Jahren eine bestimmte, allgemein erkennbare Grenze zu ziehen, welche der künftigen Gesetzgebung über die Bundes-Staatsangehörigkeit den nöthigen Spielraum gewährt — oder, was wir hier nochmals principaliter vorschlagen, die Gesetzgebung über die Freizügigkeit im Norddeutschen Bunde bis zur gleichzeitigen Redaction der Gesetzgebung über die Bundes-Staatsangehörigkeit auszusetzen.

3. In Beziehung auf die Formalien der Legitimation neu anziehender Personen würde es sich für die Staaten gleichfalls fragen, ob die Wahrnehmung ihres Interesses in formeller Beziehung mit dem Meldeverfahren innerhalb der einzelnen Communen völlig zu identificiren sei, oder ob nach Aufhebung des Paßzwangs wenigstens ein auf Zeitdauer beschränkter internationaler Heimathschein in ähnlicher Art noch ferner zu fordern sein wird, wie es bisher nach dem in Folge der Gothaer Convention vereinbarten Formular ohne Zeitbeschränkung verlangt wurde. Auf jeden Fall würden also die bisherigen Heimathscheine nach der Gothaer Convention als Legitimation im Staatsinteresse ausreichen.

4. In Beziehung auf das Streitverfahren zwischen den einzelnen Staaten, gleichviel ob Letztere hierbei von der Bundesgesetzgebung selbst als Interessenten oder als Geschäfsführer und Mandatare ihrer streitenden Communen im Sinne der §§ 3. 4. u. 6 des Bundes-Gesetzentwurfs angesehen werden, würde allerdings ein ähnliches schiedsrichterliches Verfahren geboten sein, wie nach der Gothaer Convention. Ob hierzu aber es genügen würde, die schiedsrichterliche Entscheidung in die Hände einer einzelnen Regierung zu legen, oder dieselbe dem Bundesrath als solchem zu überlassen, oder ob damit eine besondere ständige Abtheilung des Bundes-Kanzleramts zu beauftragen sein würde, würde ad referendum zu nehmen sein. Im letztern Falle würde selbstverständlich aber auch dafür zu sorgen sein, daß innerhalb der einzelnen Bundesstaaten die Conflicte zwischen den Verwaltungsbehörden und ihren Gerichten ein Ende erhielten. Mit Erfolg würde sich dies nur dann erreichen lassen, wenn man bei diesen vorwiegend einen polizeilichen Charakter an sich tra-

genden Verhandlungen den Rechtsweg ausschließt und dagegen in den einzelnen Staaten, wie beim Bunde, für möglichst ständige Centralbehörden sorgt, welche speciell das Armenwesen und die Streitigkeiten über Umzugskosten zu beaufsichtigen und zu entscheiden haben. Wir erinnern hierbei an das Englische Central-Armen-Gesetz-Amt, dasselbe stellt wenigstens die Möglichkeit und Wichtigkeit einer solchen Behörde vor Augen, wenn auch dieselbe bei uns mehr in die tägliche Praxis einzugreifen haben würde.

Ganz entschieden aber müßte, um im Sinne des § 6 des Bundesgesetzes den Regierungen die nothwendige Vermittelung der Streitigkeiten zwischen den Communen zu sichern, gegenwärtig das unmittelbare Schubverfahren, wie es nach § 8 sub a und b der Gothaer Convention zulässig war, ganz fortfallen. Dasselbe war eben nur so lange möglich und zulässig, als die ausweisende Behörde in Bezug auf die Gründe der Ausweisung und die Dauer der Ausweisungsbefugniß conventionsmäßig ganz unbeschränkt war. Soll dies aber aufhören, so darf von einer Ausweisung auch niemals, selbst nicht in den Fällen des §. 8 a und b der Gothaer Convention, eher die Rede sein, bevor der Regierung des Staats, dem resp. dessen Gemeinde der Auszuweisende wieder zugeschoben werden soll, der Nachweis über das Vorhandensein der Ausweisungsgründe und über den noch nicht stattgehabten Ablauf der Ausweisungsfrist von gegenüberstehender Seite geführt ist. Entsteht hierüber Streit, so tritt eben das schiedsrichterliche Verfahren ein. Sehr nothwendig wäre es hierbei, das an der Grenze selbst stattfindende Verfahren durch eine gemeinschaftliche Instruction für die Behörden zu normiren.

Endlich würde es sich fragen, wie weit dem Ausgleichungs-Verfahren des § 21 des Sächsischen Heimathsgesetzes vom 26. November 1834 und des § 5 unseres Gesetz-Entwurfs (Anlage B.) eine Stelle im Bundesgesetz anzuweisen wäre. Wir halten in der That dafür, daß hierzu eine dringende Nothwendigkeit vorliegen würde, da die schon mit dem binnenländischen intercommunalen Schubverfahren verbundenen Härten für die individuellen Verhältnisse des Verarmten und seiner Familie eine derartige Ausgleichung dann noch nothwendiger erscheinen lassen, sobald es sich um ein solches Schubverfahren zwischen Gemeinden verschiedener Staaten handelt. Einigen sich die Regierungen, welche den Streit zu führen haben, über eine solche Ausgleichung nicht, so würde die zu formirende Central-Armen-Commission im Bunde über den Streit zu entscheiden haben.

C. In Betreff der binnenländischen und internationalen Freizügigkeit würde schließlich

1. als allgemeine Bestimmung in dem Bundesgesetz ausdrücklich auszusprechen sein, daß neben dem darin garantirten Recht zur Wahl des Aufenthalts ein besonderes Recht zum Wohnsitz nicht stattfindet und also die unter diesem Namen bisher bestandenen Einschränkungen zur Wahl desselben überall als aufgehoben zu betrachten sind.

2. Als Uebergangsbestimmung würde, wenn wirklich ein Gesetz zu Stande kommen sollte, welches schon gegenwärtig die binnenländische und internationale Freizügigkeit verschmelzen soll, die Bestimmung aufzunehmen sein, daß, bis zum Erlaß eines Bundesgesetzes über die Staatsangehörigkeit in den einzelnen Staaten und im Bunde, als „Bundesangehörige" im Sinne dieses Gesetzes über die Freizügigkeit im Bunde anzusehen sind:

1. die Staatsangehörigen desjenigen Staats, in welchem die Ergreifung des Aufenthalts stattfinden soll,
2. alle diejenigen, welche sich durch Vorlegung eines von irgend einer Bundes=Staatsregierung nach den Vereinbarungen der Gothaer Convention ausgestellten Heimath= oder auch nur Uebernahmescheins legitimiren

und daß demgemäß die den sämmtlichen Bundesstaaten bisher gegenseitig uneingeschränkt in den §§ 1 und 2 der Gothaer Convention eingeräumte Ausweisungsbefugniß sowohl in Betreff der Ausweisungsgründe als in Betreff der Zeitdauer auf das Maaß des neuen Bundesgesetzes über die Freizügigkeit eingeschränkt wird.

Alle diese Fragen aber, die sich hier für die tägliche Praxis mit Nothwendigkeit aufdrängen, liegen zur Zeit für die Bundesgesetzgebung unvorbereitet da. Wir glauben, der Bund als solcher hätte allerdings auf dem socialen Gebiet einen Gegenstand für seine Gesetzgebung gehabt, den er mit einem Schlage, mit voller Wirksamkeit und mit allseitiger Zustimmung vor sein Forum schon in diesem Augenblick hätte ziehen können, das sind nämlich die in jenem geheimnißvollen Schatz der Heimathsgesetzgebungen liegenden Eheverbote. Diesen socialen Krebsschaden durch ein kurzes Gesetz aufzuheben, welches dahin lautete:

> „Im Gebiet des Norddeutschen Bundes bedarf es fortan keiner Genehmigung der Gemeinde= oder Polizeibehörde zur Verehelichung",

würde dem ersten gesetzgebenden Reichstage des Norddeutschen Bundes eine wahrhaft segensreiche Bedeutung in der Geschichte unserer socialen Entwickelung gegeben haben.

Auf dem Gebiet der Freizügigkeitsgesetzgebung aber, wo es, um das Gesetz wirksam zu machen, des intimsten Verständnisses der bestehenden

Rechtszustände und des geschäftlichen Organismus bedarf, da glauben wir, kann ein unvorbereitetes Gesetz nur bei der besten Absicht dahin führen, durch unwillkürliche in der Sache selbst liegende Zweideutigkeiten uns aus einem Chaos in das andere zu versetzen. Am Wenigsten aber könnten wir in einem solchen Bundesgesetz wie dem vorliegenden den Grundsatz wiedererkennen, daß die bloße Befürchtung einer künftigen möglichen Belastung der Gemeinde kein Grund zur Hemmung der freien Bewegung der Bevölkerung sein darf. Ohne diesen alten Preußischen Grundsatz aber, dessen Fehlen im Gesetz durch die Hineinziehung anderer Gegenstände in dasselbe höchstens verdunkelt, niemals aber ergänzt werden würde, wähle man für das Gesetz eine Ueberschrift, welche man wolle, nur nicht:

Die Freizügigkeit im Norddeutschen Bunde!

Anlage A.

Eventueller Entwurf

zu einem Bundesgesetz über die Wahl des örtlichen Aufenthalts innerhalb des Bundesgebiets.

§ 1.

Keiner der zum Norddeutschen Bunde gehörenden Staaten darf von der durch den Vertrag d. d. Gotha, den 15. Juli 1851 und die Nachtrags-Verhandlung d. d. Eisenach, den 25. Juli 1854 geregelten Ausweisungsbefugniß gegen die vertragsmäßig von andern Norddeutschen Bundesstaaten zu übernehmenden Personen anders, als in folgenden Fällen, Gebrauch machen:

1) Wenn bei dem Auszuweisenden ein, event. durch ärztliches Attest nachzuweisender Mangel an den erforderlichen Arbeitskräften vorhanden ist, welcher es ihm dauernd unmöglich macht, für sich und seine nicht arbeitsfähigen Angehörigen den nothwendigen Unterhalt zu erwerben, so weit er diesen Unterhalt nicht etwa aus eigenem Vermögen, oder von den zu seiner Ernährung verpflichteten und vermögenden Verwandten, Familien-Stiftungen oder sonstigen Verpflichteten zu erwarten hat, —
2) wenn der Auszuweisende durch rechtskräftiges richterliches Erkenntniß mit Landesverweisung, oder wegen eines Verbrechens oder Vergehens bestraft ist, welches sein Verbleiben innerhalb bestimmter Staaten im Interesse der öffentlichen Sicherheit oder Sittlichkeit ganz besonders gefährlich machen würde, —
3) wenn Personen unter 21 Jahren auf Erfordern der Orts-Polizeibehörden sich nicht über den erlaubten Zweck ihres Aufenthalts und über die dazu erhaltene Erlaubniß ihres Vaters oder ihres Vormundes ausweisen können, —
4) wenn Ehefrauen während bestehender Ehe getrennt von dem Ehemanne ihren Aufenthalt in einen Bundesstaat verlegen wollen, ohne sich über einen erlaubten Zweck und die Genehmigung des Ehemannes hierzu ausweisen zu können.

NB. 1. Ad referendum würde hierbei die Frage zu nehmen sein, wie weit noch gegenwärtig nach Art. 3 der Nordd. Bundes-Verf. gegen einen Staatsangehörigen der Bundesstaaten auf Landesverweisung mit Wirksamkeit erkannt werden kann. Da es sich hier jedoch für den Verurtheilten um ein subjectiv-persönliches Recht der Wahl des Aufenthalts handelt, so dürfte kein Grund vorliegen, den formell und materiell nach den einzelnen Strafgesetzgebungen erlassenen Erkenntnissen die Wirksamkeit abzusprechen, bis ein allgemeines Strafgesetzbuch für die Bundesstaaten erschienen sein wird. Erst bei dem Erlaß des Letzteren kann die Frage erörtert werden, wie weit die Existenz der einzelnen Staaten die Landesverweisung zu einem erlaubten Strafmittel macht.

§ 2.

Von dem Ausweisungsgrunde § 1. sub 1 kann nur bis zum Ablauf eines fünf Jahre lang nach zurückgelegtem 21. Lebensjahre fortgesetzten Aufenthalts innerhalb des ausweisenden Staats Gebrauch gemacht werden.

§ 3.

Soweit der Aufenthalt stattgefunden hat

1) im Dienst und Auftrag des Bundes oder einer einzelnen Bundesregierung,
2) in Verbüßung einer Freiheitsstrafe,
3) unter Umständen, welche die Annahme einer Handlung des freien Willens in der Person des Umziehenden bei Verlegung des Aufenthalts in das Gebiet des einzelnen Staats ausschließen,

kommt der dadurch in Anspruch genommene Zeitverlauf bei Berechnung des fünfjährigen Aufenthalts (§ 2) nicht in Anrechnung.

NB. 1. Ad referendum wird zu nehmen sein, ob ad No. 3 auch ein nach Verlegung des Aufenthalts eintretender Zustand der Willensunfreiheit, z. B. also eine während des Aufenthalts innerhalb des Staatsgebiets erfolgte zeitweise Unterbringung in eine Irren-Anstalt, als Unterbrechung des fünfjährigen Aufenthalts (§ 2) anzusehen ist.

§ 4.

Unterbrechungen des fünfjährigen Aufenthalts (§ 2) durch Abwesenheit kommen nach folgenden Grundsätzen zur Abrechnung.

Bei einer Abwesenheit von weniger als sechs Monaten außerhalb der Grenzen muß von dem ausweisenden Staate nachgewiesen werden, daß, als der Abwesende die Grenzen verließ, dies nicht in der damals vorhandenen Absicht der Wiederergreifung des Aufenthalts in seinem Gebiet geschah. Bei einer Abwesenheit von sechs Monaten oder von mehr als sechs Monaten muß dem ausweisenden Staate nachgewiesen werden, daß, als der Abwesende die Grenzen verließ, dies in der damals vorhandenen Absicht der Wiederergreifung des Aufenthalts in seinem Gebiet geschah.

Die bloße Erklärung des Abwesenden über die vorhandene oder nicht vorhandene Absicht der Wiederergreifung des Aufenthalts ist niemals ausschließlich maaßgebend, vielmehr ist hierbei auf die übrigen thatsächlichen Umstände Rücksicht zu nehmen, von denen der Aufenthaltswechsel über die Grenzen des Staats begleitet gewesen ist.

§ 5.

Die Bestimmung der ergänzenden Verhandlung d. d. Eisenach, den 25. Juli 1854 sub 2 zu § 1 und zu § 2 des Vertrages vom 15. Juli 1851 findet auch auf die sämmtlichen, mit Preußen vereinigten, ehemals zum Deutschen Bunde gehörigen oder nicht gehörigen Gebietserweiterungen Anwendung, welche bis zu ihrer Einverleibung in Preußen dem Vertrage vom 15. Juli 1851 noch nicht beigetreten gewesen sind, in gleicher Art auf das Herzogthum Lauenburg.

NB. Das Protokoll vom 25. Juli 1854 sub 2 bestimmte, daß bei Gebietsabtretungen zwischen den contrahirenden Staaten für spätere Ausweisungsfälle angenommen werden sollte, es habe die Gebietsveränderung schon von jeher bestanden. Die Anwendung dieser Regel auf die von Preußen gemachten Acquisitionen seiner nicht von den contrahirenden Staaten herrührenden Gebietstheile (Schleswig und Holstein), sowie für das Herzogthum Lauenburg, ist nothwendig und andererseits für das Bundes-Interesse ausreichend, mußte aber deshalb ausdrücklich ausgesprochen werden.

Für das Verhältniß mit den nicht zum Bunde gehörigen Süddeutschen Staaten ist die gleiche Ausdehnung des Gothaer Vertrages nur im diplomatischen Wege möglich.

§ 6.

Dem Bundes-Präsidium bleibt vorbehalten, denjenigen, dem Vertrage d. d. Gotha, den 15. Juli 1851 beigetretenen Regierungen, welche zum Norddeutschen Bunde nicht gehören, von diesem Bundesgesetz Kenntniß zu geben, und mit ihnen insbesondere die den vorstehenden §. 5 entsprechende Ausdehnung des Vertrages nachträglich zu vereinbaren.

§ 7.

Den auszuweisenden Personen steht bis zur höchsten Polizeibehörde des ausweisenden Staats der Beschwerdeweg offen.

In jedem polizeilichen Ausweisungsbefehl muß dem Auszuweisenden die nächst höhere polizeiliche Instanz, an welche der Beschwerdeweg nach den Landesgesetzen stattfindet, genau bezeichnet und ihm eine achttägige Frist zur Anbringung der Beschwerde von Instanz zu Instanz ausdrücklich gestellt werden, welche von der Behändigung der Publication selbst ablauft. Die Anbringung der Beschwerde selbst kann sowohl zu Protokoll als schriftlich, sowohl bei der Behörde, gegen welche die Beschwerde geführt wird, als bei der vorgesetzten Behörde erfolgen.

§ 8.

Bestreitet die Regierung desjenigen Staats, dem der Auszuweisende zugewiesen werden soll, ihrerseits, daß ein gesetzlicher Ausweisungsgrund nach den vorstehenden §§ 1. 2. 3. 4. 5 für den ausweisenden Staat vorliegt, so steht dem ausweisenden Staat hiergegen die Provocation an den Bundesrath zu. Die in den Fällen des § 8 sub a und b des Vertrages d. d. Gotha, den 15. Juli 1851 zugelassene unmittelbare Ausweisung findet nicht mehr statt. Ueber etwaige Entschädigungs-Ansprüche der sich gegenüberstehenden Staaten, welche auf eine den Behörden des ausweisenden Staats zur Last gelegte Ueberschreitung der durch das vorstehende Bundesgesetz eingeschränkten Ausweisungsbefugniß gegründet werden möchten, werden im Streitfall zwischen den gegenüberstehenden Regierungen von dem Bundesrath entschieden.

§ 9.

Die Bestimmung darüber, gegen welchen Staat und unter welchen Formen das Ausweisungsverfahren zu handhaben ist, sowie über die einstweilige Beibehaltung des Auszuweisenden bis zur Entscheidung etwaiger Streitpunkte, richtet sich genau nach den Vorschriften des Vertrages vom 15. Juli 1851 und den dazu ergangenen Nachträgen.

Entstehen hierüber Streitigkeiten zwischen einzelnen Bundesstaaten, so entscheidet über dieselben der Bundesrath und bleibt der Eintritt des nach dem Vertrage d. d. Gotha, den 15. Juli 1851 § 12 zu berufenden Schiedsgerichts nur noch für solche Fälle zulässig, wo es sich um Streitigkeiten mit den nicht zum Norddeutschen Bunde gehörenden Staaten handelt.

NB. Nach dem Gothaer Vertrage könnte zu Schiedsrichtern zwischen den streitenden Regierungen gelegentlich auch eine der nicht zum Norddeutschen Bunde gehörigen Staatsregierungen gewählt werden, was gegenwärtig schon nach der Bundes-Verfassung für Streitigkeiten zwischen den einzelnen Bundesstaaten, und insbesondere zur Entscheidung von Streitigkeiten nach Maaßgabe des vorliegenden Bundesgesetz-Entwurfs, unzulässig sein würde.

§ 10.

Der Regierung der einzelnen Bundesstaaten bleibt überlassen, hiernach ihre inländische Gesetzgebung über die Wahl des örtlichen Aufenthalts und über dessen Folgen auf das Entstehen und Erlöschen der öffentlichen Fürsorgeverpflichtung von Neuem zu regeln, und ist von den hiernach in den einzelnen Staaten ergehenden Gesetzen dem Bundes-Präsidium, sowie den übrigen sämmtlichen Bundesregierungen unmittelbar Kenntniß zu geben.

NB. Diese Bestimmung ist Behufs der dem Bundes-Präsidium nach Artikel 17 der Bundesverfassung übertragenen Controle über die Ausführung der Bundesgesetze selbstverständlich.

Anlage B.

Gesetz

über die Zulassung neu anziehender Personen vom ten 1867.

Wir Wilhelm, von Gottes Gnaden König von Preußen rc. rc., verordnen auf den Antrag Unseres Staats-Ministeriums für den Umfang des Königreichs Preußen, und zwar:

a) für die Provinzen Preußen, Pommern, Posen, Brandenburg, Schlesien, Sachsen, Westphalen und die Rheinprovinz auf Grund des Artikel 63 der Verfassungs-Urkunde vom 31. Januar 1850,

b) für die durch die Gesetze vom 20. September und 24. December 1866 mit Unserer Monarchie vereinigten Landestheile,

was folgt:

§ 1.

Keinem Preußischen Unterthan und keinem Staatsangehörigen eines der zum Norddeutschen Bunde vereinigten Staaten darf an dem Orte, wo er eine Wohnung oder ein Unterkommen sich selbst zu verschaffen im Stande ist, der Aufenthalt verweigert oder durch lästige Bedingungen erschwert werden.

Wenn Personen, welche unter Vormundschaft — oder unter väterlicher Gewalt stehen — sowie Ehefrauen während bestehender Ehe getrennt von dem Vater — dem Ehemanne — ihren Aufenthalt an einem Orte ergreifen wollen, so haben sie neben dem Nachweise einer Wohnung oder eines Unterkommens sich über die ausdrückliche oder stillschweigende Genehmigung des Vormundes, des Vaters, des Ehemannes hierzu auf Erfordern der Polizeibehörde des von ihnen gewählten Aufenthaltsorts auszuweisen. So lange unter Vormundschaft stehende Personen in Begleitung ihrer leiblichen Mutter sich befinden, bedarf es bei einer von der Mutter getroffenen Aufenthalts-Veränderung keines weiteren Nachweises vormundschaftlicher Genehmigung in Betreff der Kinder.

§ 2.

Eine Ausnahme hiervon (§ 1) findet statt, wenn die Landes-Polizeibehörde nöthig findet, einen entlassenen Sträfling von dem Aufenthalte an gewissen Orten auszuschließen. Hierzu ist die Landes-Polizeibehörde jedoch nur in Ansehung solcher Sträflinge befugt, die wegen eines solchen Verbrechens oder Vergehens bestraft sind, welches im Interesse der öffentlichen Sicherheit oder Sittlichkeit, den Aufenthalt des Bestraften an einzelnen bestimmten Orten vorzugsweise gefährlich erscheinen läßt. Ueber die Gründe einer solchen Maßregel ist die Landes-Polizeibehörde nur dem vorgesetzten Minister, nicht aber der Partei Rechenschaft zu geben schuldig.

§ 3.

Die bloße Besorgniß einer mit dem Aufenthalt eines Neuanziehenden verbundenen künftigen Belastung der Gemeinde genügt nicht zu dessen Abweisung.

Nur Denjenigen, welche bei ihrem Anzuge weder hinreichendes Vermögen, noch Kräfte besitzen, sich und ihren nicht arbeitsfähigen Angehörigen den nothdürftigen Lebensunterhalt zu verschaffen, solchen auch nicht von einem zu ihrer Ernährung verpflichteten Verwandten zu erwarten haben, kann der Aufenthalt an einem anderen Orte, als dem ihres bisherigen Aufenthalts, verweigert werden.

§ 4.

Offenbart sich aber nach dem Anzuge die Nothwendigkeit einer öffentlichen Armen-Unterstützung, und weiset die Gemeinde erforderlichenfalls unter Beibringung ärztlicher Bescheinigung nach, daß die Unterstützung wegen eines solchen Mangels an Arbeitskräften des Neuangezogenen nothwendig geworden ist, welcher es ihm dauernd unmöglich macht, für sich und die Seinigen den nöthigen Unterhalt zu erwerben, so kann der Angezogene binnen Jahresfrist vom Orte wieder ausgewiesen werden. Die einjährige Frist beginnt mit dem Tage, wo der am Orte ergriffene Aufenthalt der Orts-Polizeibehörde nach § 8 gemeldet oder wo der vor der Ergreifung der Polizeibehörde gemeldete Aufenthalt thatsächlich ergriffen worden ist.

Wird die Ausführung der von der Gemeinde bei der Orts-Polizeibehörde rechtzeitig beantragten Ausweisungs-Maßregel aus dem Grunde vor Ablauf dieser einjährigen Frist unmöglich, weil die Wiederaufnahme-Verpflichtung des früheren Aufenthaltsorts nach den bestehenden Gesetzen über die Verpflichtung zur Armenfürsorge zwischen den Gemeinden streitig ist, so ist zwar die Ausweisungs-Maßregel einstweilen auszusetzen, jedoch wird die einjährige Frist in diesem Fall durch die Seitens der Orts-Polizeibehörde an die gegnerische Gemeinde gerichtete Aufforderung zur Wiederaufnahme unterbrochen.

§ 5.

Die Befugniß zur Wiederausweisung im Fall des § 4 fällt fort:

1) soweit zwischen der ausweisenden Gemeinde und dem zur Fürsorge gesetzlich verpflichteten Armen-Verbande eine Vereinigung getroffen ist, daß der Letztere, anstatt der ihm obliegenden Aufnahme und Versorgung des Auszuweisenden, der zur Ausweisung berechtigten Gemeinde einen bestimmten Beitrag zu dessen Unterhaltung leistet,
2) wenn in Fällen, wo dergleichen Abkommen aus polizeilichen Gründen, oder zur Vermeidung großer Härten dringend erforderlich sind, die Landes-Polizeibehörde eine Einrichtung auf so lange, als diese Nothwendigkeit stattfindet, anordnet und den einen Bezirk zur Aufenthaltsgestattung und armenpolizeilichen Fürsorge, den andern zu einer angemessenen Entschädigung dafür anhält.

Von dieser Befugniß der Landes-Polizeibehörde ist besonders in solchen Fällen Gebrauch zu machen, wenn der Mangel an den nöthigen Arbeitskräften § 4 durch eine nach dem Anzuge erlittene Verwundung oder Erkrankung herbeigeführt ist, welche den Angezogenen im vaterländischen Kriegsdienste oder durch die in der Gemeinde des Anzugsorts mit eigener Gefahr geleistete Hülfe bei öffentlicher Noth getroffen hat.

Gegen eine solche Anordnung der Landes-Polizeibehörde, in welcher allemal ausdrücklich erwähnt sein muß, daß dieselbe auf Grund des § 5 sub 2 des gegenwärtigen Gesetzes getroffen ist, ist der Rechtsweg ausgeschlossen. Nur soweit der von der Landes-Polizeibehörde zur Beitragszahlung herangezogene Armen-Verband seine Fürsorgeverpflichtung in Betreff des Auszuweisenden selbst bestreitet, findet hierüber zwischen den streitenden Verbänden das nach der Armen-Gesetzgebung vorgeschriebene Streitverfahren statt.

§ 6.

Jedem, der nicht nachweist, daß er Preußischer Unterthan oder Angehöriger eines der zum Norddeutschen Bunde vereinigten Staaten ist, kann der Aufenthalt von der Gemeinde versagt werden.

§ 7.

Was in den §§ 3—6 von den Gemeinden bestimmt ist, gilt an denjenigen Orten, wo die Last der öffentlichen Armenpflege verfassungsmäßig nicht der örtlichen Gemeinde, sondern andern gesetzlich anerkannten Verbänden (Armen-Communen) obliegt, auch von den Letzteren, sowie von denjenigen Gutsherrschaften, deren Gutsbezirk sich nicht in einem Gemeinde-Verbande befindet.

§ 8.

Wer an einem Orte seinen Aufenthalt nehmen will, muß sich bei der Orts-Polizeibehörde oder bei dem von der Aufsichtsbehörde hierzu bestellten Stellvertreter der Orts-Polizeibehörde melden.

§ 9.

Ein Jeder, welcher einem Neuanziehenden Wohnung oder Unterkommen gewährt, ist verpflichtet, darauf zu halten, daß die Meldung (§ 8) geschehe.

§ 10.

Ueber jede eingegangene Meldung ist sofort eine Bescheinigung nach dem Formular A von dem mit der Empfangnahme beauftragten Polizeibeamten zu ertheilen, welcher die Meldung in ein amtlich zu beglaubigendes Register nach dem Formular B einträgt.

§ 11.

Die Meldung Seitens des Anziehenden (§ 8) oder seines Wohnungsgebers (§ 9) kann mündlich oder schriftlich erfolgen.

Sobald der Anzug einer Person am Orte, gleichviel ob amtlich oder außeramtlich, zur Kenntniß der Orts-Polizeibehörde oder des zur Empfangnahme der Meldung bestellten Stellvertreters gelangt, haben dieselben von Amtswegen darauf zu halten, daß der Neuangezogene über diejenigen Verhältnisse Auskunft giebt, von denen nach §§ 1—6 eine etwaige Verweigerung des Aufenthalts abhängt.

§ 12.

Aus der Ertheilung des Meldescheins (§ 10) kann eine Verzichtleistung auf die der Polizei- oder Gemeindebehörde gegen den Anzug etwa zustehenden Einwendungen niemals hergeleitet werden.

An den Orten, wo die Orts-Polizeibehörde von dem Gemeinde-Vorstande getrennt ist, hat die Erstere den Gemeinde-Vorstand mit seiner Erklärung über die im Interesse der Gemeinde etwa nach §§ 3—6 zu begründende Verweigerung des Aufenthalts zu hören.

§ 13.

An denjenigen Orten, wo die Last der Armenpflege verfassungsmäßig nicht der örtlichen Gemeinde, sondern andern gesetzlich anerkannten Verbänden (Armen-Communen), oder einzelnen außerhalb des Gemeinde-Verbandes liegenden Gutsherrschaften obliegt, ist im Fall des § 12 die Erklärung des Vorstandes des mit der Armenpflege belasteten Verbandes (Armen-Communen), beziehungsweise der Gutsherrschaft von der Orts-Polizeibehörde oder deren Stellvertreter einzuholen.

§ 14.

Die Nichtbeachtung der in den §§ 12 und 13 enthaltenen Vorschriften ist gegen die säumigen Polizei- oder Communal-Beamten — neben ihrer Regreßpflichtigkeit gegenüber der benachtheiligten Gemeinde ꝛc. — im Aufsichtswege durch Verweise und Ordnungsstrafen zu rügen.

§ 15.

Neuanziehende Personen, sowie Diejenigen, welche ihnen Wohnung oder Unterkommen gewähren, verfallen, wenn sie der ihnen nach §§ 8 und 9 obliegenden Verpflichtung zur polizeilichen Meldung nicht innerhalb acht Tagen nach erfolgtem Anzuge nachkommen, in eine Polizeistrafe bis zu Zehn Thalern, oder in verhältnißmäßige Gefängnißstrafe.

§ 16.

Mit der Publication dieser Verordnung treten für den ganzen Umfang der Preußischen Monarchie alle früheren, diesen Gegenstand betreffenden allgemeinen Gesetze, sowie alle besonderen polizeilichen Verordnungen u. s. w. außer Kraft.

Soweit für einzelne Orte wegen der besonderen örtlichen Verhältnisse durch förmlich publicirte Gesetze eine andere Ordnung eingeführt worden ist, bleiben diese augenblicklich noch in Kraft, doch sind von den einzelnen Landes-Polizeibehörden für ihren Bezirk diese im Wege der Gesetzgebung erlassenen Local-Verordnungen binnen drei Monaten zu sammeln und dem Minister des Innern vorzulegen, um, soweit ihre Fortdauer nicht unerläßlich ist, zu ihrer etwaigen Aufhebung die erforderlichen Einleitungen zu treffen.

§ 17.

Die Bestimmungen über die Fremden-Polizei und das Paßwesen werden durch vorstehendes Gesetz nicht betroffen.

Berlin, den ten 1867.

Druckfehler.

Seite 20, Zeile 19 v. o. statt „in unzuverlässiger Weise" lies „in unzulässiger Weise".
Seite 22, Zeile 15 v. u. statt „mystiriösen" lies „mysteriösen".
Seite 25, Zeile 12 v. u. statt „Intificirung" lies „Identificirung".